交通运输类"十四五"创新教材
国家"双高"建设单位重点建设教材
江苏省现代航海技术产教融合集成平台建设教材

U0650981

精通救生艇筏和救助艇

JINGTONG JIUSHENGTINGFA HE JIUZHUTING

乔前防 ● 主编

刘芳武 ● 主审

大连海事大学出版社
DALIAN MARITIME UNIVERSITY PRESS

图书在版编目（CIP）数据

精通救生艇筏和救助艇／乔前防主编. — 大连 ：
大连海事大学出版社,2022.1
ISBN 978-7-5632-4254-2

Ⅰ.①精… Ⅱ.①乔… Ⅲ.①救生艇—操作—高等职
业教育—教材 ②救生筏—操作—高等职业教育—教材
Ⅳ.①U667.6

中国版本图书馆 CIP 数据核字（2022）第 003197 号

大连海事大学出版社出版

地址:大连市黄浦路523号 邮编:116026 电话:0411-84729665(营销部) 84729480(总编室)
http://press.dlmu.edu.cn E-mail:dmupress@ dlmu.edu.cn

大连金华光彩色印刷有限公司印装　　　　　大连海事大学出版社发行

2022 年 1 月第 1 版	2022 年 1 月第 1 次印刷
幅面尺寸:184 mm×260 mm	印张:11.25
字数:252 千	印数:1~2000 册

出版人:刘明凯

责任编辑:刘若实	责任校对:孙笑鸣
封面设计:解瑶瑶	版式设计:解瑶瑶

ISBN 978-7-5632-4254-2　　定价:31.00 元

编者的话

  本教材是江苏航运职业技术学院国家"双高"建设单位、江苏省现代航海技术产教融合集成平台重点建设教材,同时为适应"三教"改革中对教材改革的要求,教材内容满足"STCW 公约马尼拉修正案第Ⅵ/2 条"以及"STCW 公约马尼拉修正案"附则中相关最低培训和最低适任标准的要求及相关建议案,结合中华人民共和国海船船员《精通救生艇筏和救助艇》培训合格证考试大纲(2021)的要求,以实用、够用,理论指导实践为原则,满足学员精通救生艇筏和救助艇所需的知识要求、技能要求和素质要求;教材充分融入现代信息技术,通过二维码技术链接音视频、题库、模考等资源,真正帮助学员获得知识,顺利通过理论及实操评估考试。

  教材采用项目化的方式,由浅入深、层层推进、理论与实践穿插进行,以提升学员的职业能力为目标,以提高学员的专业素质为根本。本教材项目一由江苏航运职业技术学院赵晶编写,项目四由江苏航运职业技术学院庞辉编写,项目二、项目三由乔前防编写,刘芳武担任主审。该教材既可作为航海类高职院校学员精通救生艇筏和救助艇培训教材,也可供海船船员平时业务参考之用。

  教材在修订过程中得到了江苏海事局领导和专家的关心和指导,江苏江阴北海救生设备有限公司奚浩忠经理、江阴茣林凯尔贸易有限公司总经理殷琼女士提供了热忱的帮助和支持,在此一并表示感谢!

  由于时间仓促,书中难免存在差错和疏漏,恳请广大读者和同行批评指正。

编　者

2022 年 1 月

目 录

◆ 项目一　救生艇筏的认识

🪐 项目描述

救生艇筏是船舶发生海难事故而弃船后最重要的求生保障设备,船上人员对其应有足够的认识。船上配备的救生艇筏通常包括救生艇、救助艇和救生筏等。

救生艇(Lifeboat)是船舶主要的救生设备之一。按照《1974 年国际海上人命安全公约》(以下简称《SOLAS 公约》)、《国际救生设备规则》(以下简称《LSA 规则》)以及我国《海船救生设备规范》(以下简称《规范》)的有关要求,不低于 500 总吨的国际航行船舶必须配备救生艇。海船配备使用的救生艇应该是具有一定的浮力、强度、航速,在承载额定乘员的同时,还配有一定的属具备品,并能够在恶劣天气下航行或漂流的刚性小艇,使船员和旅客的生命安全得到最大的保障。

所配备的救生筏(Liferaft)要具备一定的浮力、抗海水侵蚀和阳光暴晒等特点,同时筏内要备有一定的属具备品,并能被救生艇拖带。

依据《SOLAS 公约》和我国《规范》的要求,海船上还必须配备救助艇(Rescue boat)。由于其操纵性和机动性较为灵活,因此,救助艇的主要作用是救助海面上的遇险人员以及在弃船时集结救生艇和救生筏。

一、知识要求

(1)熟悉和掌握救生艇筏的基本构造和功能要求。

(2)熟悉救生艇筏的配备、配员及其属具备品清单。

(3)熟悉和理解国际公约、规则和国内法规对救生艇筏的一般要求和附加要求。

二、技能要求

(1)能够根据实物或标志辨识船上救生艇筏的属具备品种类、用途。

(2)能够正确安装、使用救生艇筏内的主要属具备品。

三、素质要求

(1)能够利用艇筏专业知识进行船上培训。

(2)能够合理地分配船上应变部署表中的人员。

项目实施

任务一 救生艇筏的基本构造及功能

一、相关知识

(一)救生艇的种类

救生艇在海船上的配备使用已有近百年的历史,随着人们对海上人命安全保障认识的不断提高,配备在海船上的救生艇,也得到了不断地发展和完善。各种构造不同、材质不同的救生艇开始服务于船舶,其具有的性能也随着不同船舶的应急需求而不断增多,从而能够更好地保障海上人命的安全。

1. 按结构形式划分

(1)开敞式救生艇

开敞式救生艇(Open lifeboat)(如图 1-1 所示)是一种没有固定顶篷装置的救生艇。该救生艇操作简便,由于没有固定顶篷,人员登艇和离艇不易受阻,且艇内上部空间不受限,人员在艇内活动相对自由方便,便于操纵救生艇离开难船。其缺点同样是因为没有固定顶篷,若遇到风雨、海浪时,艇内人员会受到海水的侵袭,身体直接暴露在寒冷和潮湿的环境中,生命安全会受到相当大的威胁;在天气炎热、光照强烈时,艇员直接暴露在日光下,中暑、身体缺水等危险也会直接影响艇员的生命安全。目前,该类救生艇仅存在于部分老龄船舶或一些沿海航行的船舶上。

(2)部分封闭式救生艇

部分封闭式救生艇(Partially enclosed lifeboat)(如图 1-2 所示)要求在艇首和艇尾各设有不少于 20% 艇长的刚性顶盖,中间设有可折式顶篷。可折式顶篷连同刚性顶盖形成了一个能挡风雨的遮蔽,使艇内人员免受风雨海浪的侵袭和烈日的暴晒。艇的两端及两舷设有出入口,供人员登艇和离艇,同时也用于艇内的通风换气。这种救生艇既保留了传

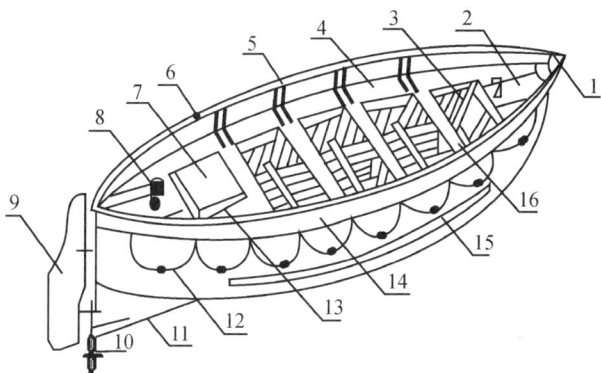

图 1-1　开敞式救生艇示意图

1—艇首柱;2—艇首座板;3—空气箱护板;4—边座板;5—艇舷;6—桨叉孔;7—艇机盖板;8—吊艇钩;9—舵;10—螺旋桨;11—龙骨;12—扶手索;13—艇机;14—护舷材;15—舭龙骨;16—横座板

统的开敞式救生艇的优点,又克服了它的缺点,只是这种救生艇倾覆后,艇内人员的逃离不如开敞式救生艇方便。目前,部分封闭式救生艇在某些海船上允许使用。

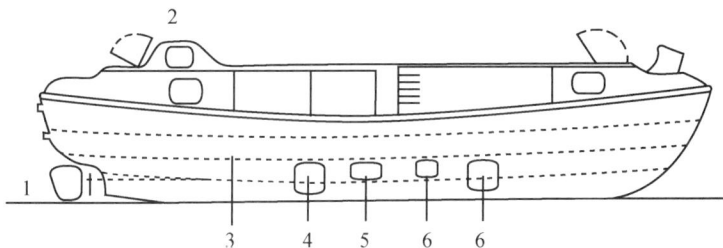

图 1-2　部分封闭式救生艇示意图

1—龙骨;2—操纵和瞭望窗口;3—艇机;4—燃油箱;5—淡水箱;6—食品箱

（3）全封闭式救生艇

全封闭式救生艇(Totally enclosed lifeboat) (如图 1-3 所示)的上部有固定的刚性顶盖。为方便艇员的进出,全封闭式救生艇设有内外均能开启和关闭的通道盖。该通道盖关闭时,既能保证救生艇的水密性,又具有良好的保温隔热性能。该艇的安全性能好,并能保证艇员不受风雨海浪的侵袭,因此,现在船舶已广泛配备使用全封闭式救生艇。

2. 按艇的建造材质分类

（1）铝合金救生艇

该类救生艇的艇壳由铝合金制成,具有较高的强度和水密性,而且重量比钢质救生艇要轻一半左右,因此采用较小的动力便可获得较快的艇速。铝合金救生艇结实耐用,维护保养比较容易,同时铝合金还具有耐腐蚀和耐高温的特性,但造价较高,因此,现在海船上基本上看不到此类救生艇。

（2）玻璃钢救生艇

玻璃钢(FRP)亦称作 GRP,即纤维强化塑料,一般指用玻璃纤维增强不饱和聚酯、环

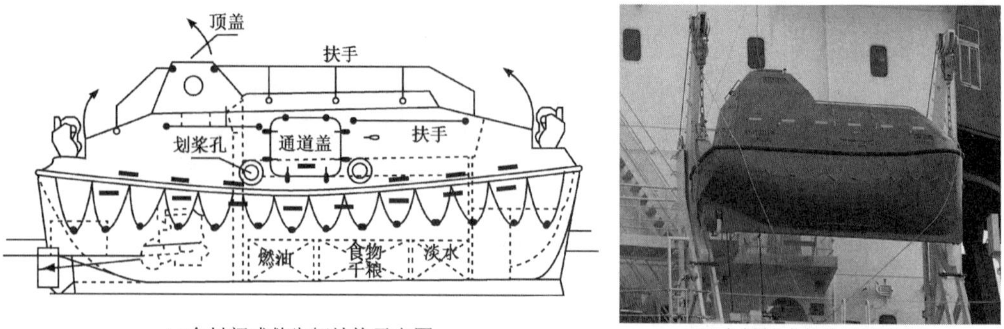

(a)全封闭式救生艇结构示意图   (b)全封闭式救生艇实物图

图1-3 全封闭式救生艇结构示意图与实物图

氧树脂与酚醛树脂基体,以玻璃纤维或其制品作增强材料的增强塑料,称为玻璃纤维增强塑料,或称为玻璃钢。玻璃钢救生艇,即采用上述材料制造的救生艇,其重量比铝合金还轻,耐腐蚀,容易保养,不易损坏,使用时间长,目前已被广泛采用。

(二)救助艇的种类及结构特点

1.救助艇的种类

救助艇是为了在船舶发生海难时,救助船上遇险人员和对在海上进行求生的救生艇筏进行集结而配备的救生设备。

目前在海船上配备使用的救助艇,从建造材料上划分,大致分为以下三种。

(1)刚性救助艇

刚性救助艇主要由玻璃纤维增强塑料与不饱和聚酯树脂黏合而成的刚性材料构成,是目前船上使用比较普遍的一种救助艇(如图1-4所示)。

图1-4 刚性救助艇实物图

(2)充气式救助艇

充气式救助艇主要由橡胶材料及附属材料构成,俗称橡皮艇(如图1-5所示)。

(3)刚性充气混合式救助艇

刚性充气混合式救助艇(如图1-6所示)指在建造艇体的材料中既有刚性材料又有橡胶材料。这三种救助艇都是《规范》中允许在海船上配备使用的。如果从救助艇推进机械的配备来看,救助艇配备的推进装置可以在舷内安装,大多数以柴油机为推进动力;也

图 1-5　充气式救助艇实物图

可以配备舷外安装的机器(俗称外挂机),以汽油机为推进动力。如果任何一种救助艇是在船上配备使用,救助艇从建造材料到所配备的机械设备、舾装件及规格等都必须经过主管机关的检验认可。

图 1-6　刚性充气混合式救助艇实物图

2. 救助艇的结构

刚性材料制造的救助艇类似于开敞式救生艇,由于其特殊的用途以及《规范》中对救助艇技术的要求,救助艇在一些结构上又不同于救生艇。图 1-7(a)、(b)、(c)介绍了救助艇部分结构名称。

3. 救助艇的舾装件及其作用

刚性救助艇主要采用玻璃钢材料建造而成。艇上所配有的舾装件采用不锈钢或其他耐腐蚀金属材料制成,以便于提高救助艇的防腐能力。艇体分内、外两层壳体,中间填充了大量的聚氨酯闭孔泡沫,为救助艇提供了足够的浮力,并保证了救助艇的抗沉性,使救助艇在满载额定乘员和属具备品的状态下破损通海后,仍然具有不沉的特性。救助艇艇体的特殊构造减缓了艇体所承受的撞击力,保证了救助艇的足够强度。另外,根据救助艇的作用和作业环境,艇上主要配备以下设施(设备)。

(1)碰垫和护舷材

在救助艇左右舷侧分别在靠近艇首、尾部位置设有橡胶材料制成的突出于舷侧的碰垫,主要是为了减缓救助艇在靠离操纵时挤压、撞击对艇壳的破坏。围绕着艇体四周舷边镶贴着橡胶材料制成的护舷材,其目的也是减缓救助艇舷边因遭受挤压碰撞而对艇体造成破坏而配置的。

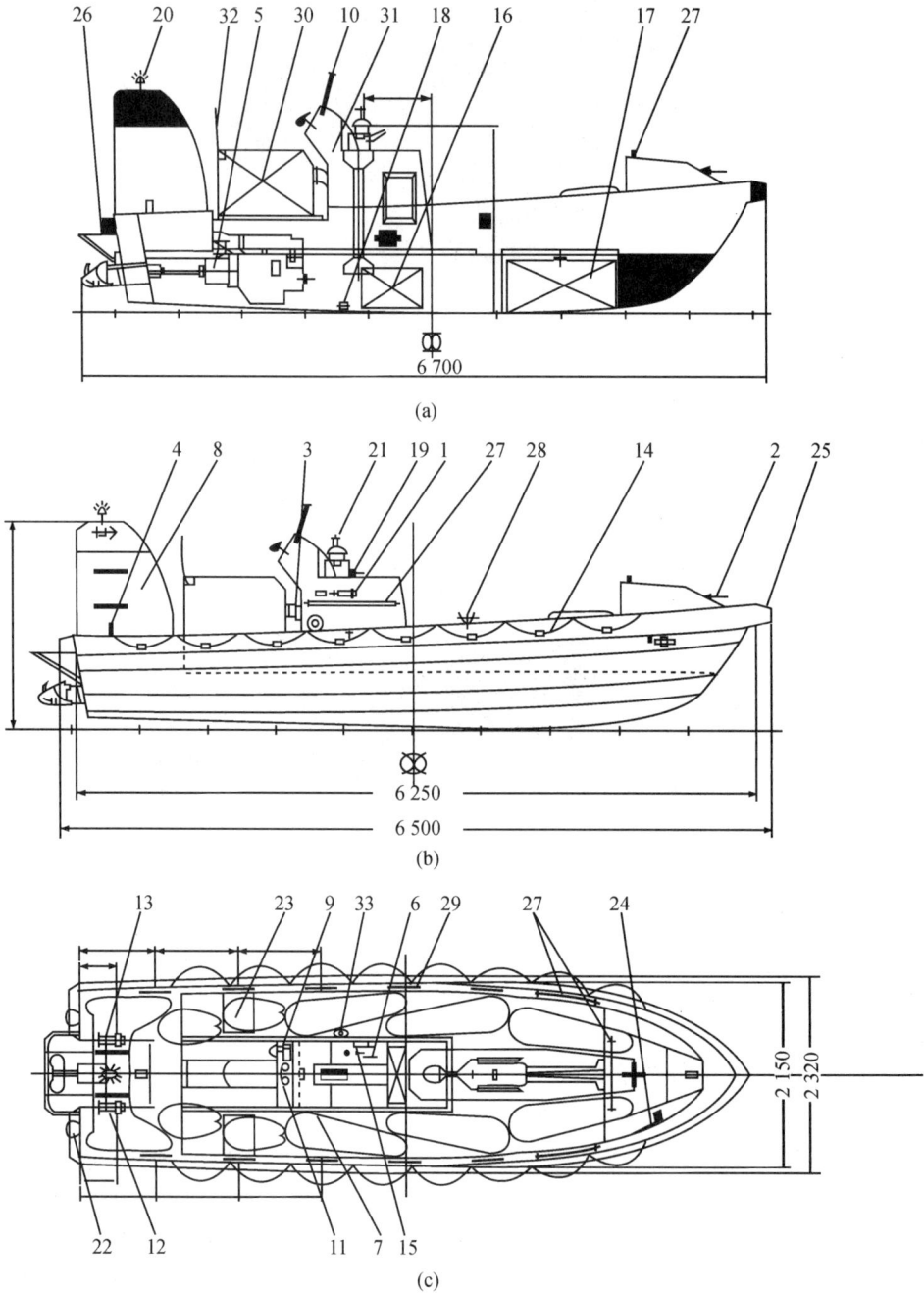

(a)

(b)

(c)

图1-7 救助艇部分结构名称

1—电池充电器插座;2—艏缆释放器;3—探照灯;4—缆桩;5—艇机;6—门钩;7—电源开关;8—空气箱;9—艇用罗经;10—挡风支架;11—探照灯;12—右舷灯;13—左舷灯;14—舷外扶手绳;15—手摇泵;16—电池柜;17—燃油柜;18—艇底塞;19—雷达反射器底座;20—示位灯;21—脱钩装置;22—护舷材;23—座椅;24—安全小斧;25—碰垫;26—保护栏杆;27—扶手;28—桨叉;29—反光带;30—储物箱;31—充电插头;32—靠背;33—灭火器

（2）艏缆释放器与缆桩

在救助艇首部设有一个艏缆释放器（Painter release），其主要构造是一个可控制的活钩装置，能使艇首缆即使在受力的状况下也可安全释放。在救助艇尾部左右两舷侧各设一个缆桩，主要在拖带集结救生艇筏时使用。

（3）吊艇座

在采用单臂吊进行释放与回收操作的救助艇结构中，设有一个艇首部吊艇座、两个艇尾部吊艇座，三点聚合成一点吊升。主要是因为在吊升时，艇尾相对重一些，三点聚合成一点便于最大限度地保证救助艇在升降操作过程中的稳定性。在进行救助艇升降操作时，吊艇索必须连接在三个吊艇座上，其他部位不可以作收、放救助艇操作时吊艇索的受力点。近年来，也出现一种新的设计，它也采用单臂吊收放，但仅在救助艇重心附近设置一个吊艇钩（如图1-8所示）。

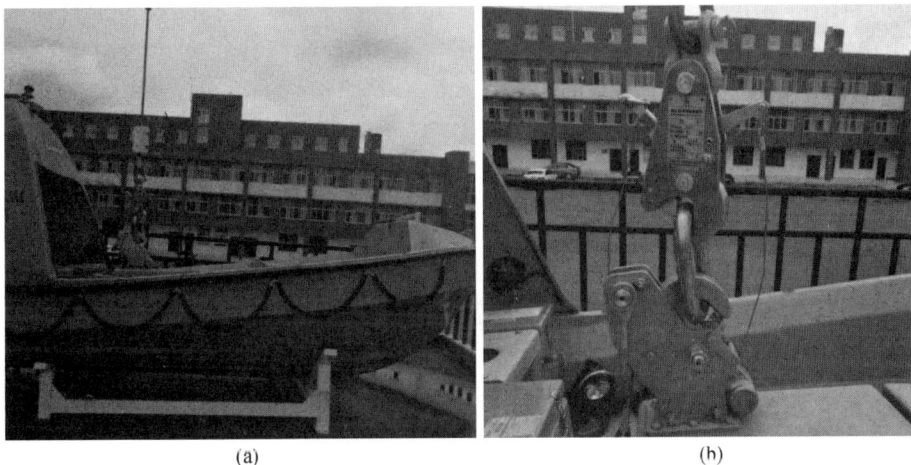

| (a) | (h) |

图1-8 救助艇吊艇钩实物图

有的船上配备的救助艇降放装置不是单臂吊，而是重力式吊艇架。利用重力式吊艇架收放操作的救助艇，在救助艇首尾各配有一个吊艇钩与吊艇索相连接，便于降放装置的匹配操作，这样的救助艇不配置前后吊艇座设施。

（4）排水泵与排水口

在救助艇尾部设有一个手摇排水泵，以便及时地排除在艇内积存的污水。排水泵设在艇尾挂机的一侧，通过排水泵的排水管系将积聚在艇内的污水排出艇外。

（5）泄水口与艇底塞

在救助艇尾部，艇内最低处有一个泄水口，通常在排水泵连接的排水口下方，由于救助艇的构造布置造成艇体处于尾倾状态，所以方便在航行中或者其他情况下将艇内积水自然流淌并排泄到艇外。艇底塞设立在救助艇尾部最低处，在救助艇离水状态下将艇底塞打开，以便于排除艇内积水。

（6）登艇梯与救生扶手绳

在救助艇尾部固定设有一个由铝合金制成的折叠式固定登艇梯，便于水中人员顺利登艇或者救助艇的救护人员顺梯安全下水进行水中救护作业。

救生扶手绳(Becket line)设立在救助艇左右两舷侧水线附近,设有链环状可浮救生扶手绳,主要是便于水中人员利用扶手绳等待救助或协助攀登救助艇时使用。

开敞式救助艇内部也设有扶手绳,主要用于救生人员稳住身体保证安全。

(7)艇上舷侧扶手与艇底扶手

在救助艇两侧紧贴舷边上方各设有一个自艇首至艇尾贯通的扶手栏,大部分是由船用不锈材料制成的,主要用于保护救助艇内人员的安全,便于救助艇在风浪中颠簸或高速转向时艇内人员用手把握住护栏,避免发生意外。

艇底扶手是在救助艇两侧艇底舯部设立的扶手,主要用于不能自行扶正的救助艇,在救助艇倾覆时供水中人员扶正攀附时使用,其镶装结构应该使救助艇在碰撞时能将扶手打掉而不损坏救助艇。

(8)电气装置

救助艇配有蓄电瓶,蓄电瓶输出12 V直流电。每个蓄电瓶都配有一个自浮式充电器,充电电源来自船舶,经变压为42 V交流电,或者救助艇挂机在运转时电动机的再充电。

(三)救生筏的种类及结构特点

救生筏是指在船舶发生海难时,从弃船起能够漂浮在海面上,维持船上遇险人员生命的设备,是船舶配备的主要救生设备之一。救生筏操作简单,使用方便,在船舶处于应急状态时,能够快速地施放,供船上人员登乘并漂浮于水上,进行海上求生,等待救助。救生筏的特点是具有一定的浮力,备有必要的属具备品,体积小、重量轻,便于存放和操作。但是,救生筏没有自航能力,只能供乘员身体漂浮于水上,等待救援。

由于救生筏制造方便,操作简单,并且有防寒保温的设施,在海船上得到越来越多的配备使用。为了在应急时能够安全、正确、迅速地进行操作和使用救生筏,广大船员应该全面地了解救生筏的相关知识和技术要求。目前船舶上救生筏种类较多,现简单地做分类介绍。

1. 根据浮体的不同分类

根据救生筏浮体的制造材料、性质的不同,可以将救生筏分为两类。

(1)刚性浮体救生筏

刚性浮体救生筏的浮力提供是经过主管机关认可的,材料主要是硬质的闭孔泡沫。浮力材料应该是阻燃的,或者在浮体表面加阻燃覆盖层进行保护。浮力材料尽可能放置于救生筏的四周,救生筏的筏底应该有效地支撑乘员身体离开水面,而且能够有效地防止水进入筏内并保证御寒的功效。刚性浮体救生筏也要求在倾覆时能自行扶正,或者由一个人操作就可以进行扶正。刚性浮体救生筏的主要结构如图1-9所示。

(2)气胀式救生筏

气胀式救生筏(如图1-10所示)的制造材料主要是尼龙橡胶布。气胀式救生筏的浮力是由两个分别独立的充满气体的隔舱来提供保证的。在构造上设立两个浮力胎,分别配有一个或两个装有二氧化碳和部分氮气的钢瓶,以便于在应急使用时,将钢瓶起动,通过各自的止回充气阀充气,在短时间内使筏体、篷柱充胀成型。

图 1-9 刚性浮体救生筏的主要结构

1—顶板;2—内把手索;3—反光片;4—把手索固定带;5—扶手;6—外把扶手;7—登筏梯;8—应急备品箱;9—浮力层;10—雨水收集器;11—篷罩固定绳;12—篷架支柱;13—弹簧组件;14—筏壳;15—海锚;16—小勺;17—救生浮环;18—外篷罩;19—内篷罩;20—篷罩固紧带排气管;21—排气管

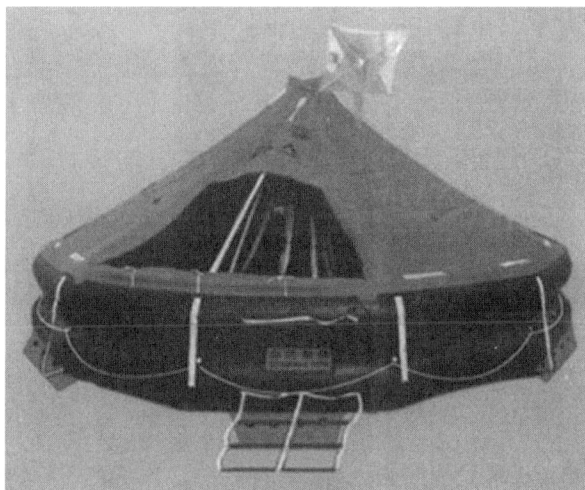

图 1-10 气胀式救生筏成型外观

2. 按照操作特点的不同分类

按照操作特点不同分类的救生筏都是气胀式救生筏。由于气胀式救生筏存放方便,操作简单,维修保养工作量少,能在应急使用时,提供一定的安全保障,所以,在船上得到了广泛的配备和使用,并且在使用中得到了不断的完善和提高。按照使用特点来分类的救生筏,近几年《SOLAS 公约》所提出的在船舶上配备的相关气胀式救生筏有如下几种:

(1)需要人力扶正的救生筏

这种救生筏大多数是进行抛投式释放操作的。在释放使用时,救生筏被抛投入水或者在入水充胀成型后,有可能发生倾覆。当救生筏倾覆时则需要一名身穿救生衣的求生者下水进行扶正操作,救生筏被扶正后,其余的人员才可以进行登乘。

（2）自动扶正的救生筏

《SOLAS 公约》规定,滚装客船配备的救生筏应是自动扶正式救生筏。自动扶正式救生筏篷柱比较粗大,形成一个类似自动扶正的拱门式构造。另外,自动扶正式救生筏的篷顶比较圆滑,容易滚动。因此,自动扶正式救生筏在充胀成型的过程中产生倾覆时,救生筏能够依靠筏体自身构造中力的平衡特点自行扶正,使救生筏稳定地正浮于水面（如图1-11 所示）。船上人员可以借助登乘工具直接进行救生筏的登乘,避免了需要人员入水扶正的危险,进一步保护了海上求生人员的安全。

图 1-11　自动扶正救生筏的扶正过程

（3）两面可用的救生筏

《SOLAS 公约》在提出自动扶正式救生筏的同时,也提出了可以配备带顶篷的两面可用的救生筏（如图1-12 所示）。

图 1-12　两面可用的救生筏

带顶篷两面可用的救生筏在救生筏充胀成型的时候,无论是哪一面朝上,救生筏都可以正常使用。在救生筏充胀成型的过程中,不必担心倾覆的问题,只要救生筏充胀成型,船上人员就可以立即采取登乘措施,而且无论正浮使用哪一面,救生筏都是稳定的。这样,在船舶发生海难,决定弃船进行海上求生时,加快了船上人员脱离难船的速度,保障了海上求生人员的安全。

（4）与海上撤离系统相连用的救生筏

《LSA 规则》中条款 6.2.3 提出,与海上撤离系统连用的气胀式救生筏,应该符合规则中有关气胀式救生筏的要求;应该存放在海上撤离系统的附近,能离开释放装置和登乘平台投落;能从存放架每一次释放一只救生筏,并能使释放的救生筏停靠在登筏平台旁;该救生筏应设有能和海上撤离系统登筏平台预先连接或易于连接的回收绳索。

(5)在船首存放的救生筏

《SOLAS 公约》规定:在长度超过 100 m 的货船上,除了配备正常额定乘员的救生艇筏外,在尽量靠近船舶的首部或尾部,应额外配备一只救生筏。在船舶的首部或尾部配置的救生筏,在筏体的结构、属具备品的配备上,都与其他气胀式救生筏一样。仅仅是在救生筏存放的位置上,可以不考虑正常的存放要求,允许存放在合理可行的范围内。另外在固定的方式上,可以按照能够用人力脱开的方式固定,而且这只救生筏的降放,可以不必考虑适用认可的降落设备进行降放操作。

3. 按照降放的方式不同分类

救生筏按照降放的方式不同,可以分为抛投式、机械吊放式和自由漂浮式三种。由于各种不同的降放方式可以相互补充,在各种不同情况下救生筏可以充分降放,所以,一个存放位置的救生筏,可能会配备三种降放方式,也可能会配备两种降放方式。

(1)抛投式

抛投式救生筏在船舶发生遇险必须弃船,但又有一定的逃生时间时,进行释放。它依靠船员解脱救生筏的固定索具,借助人力或筏架将救生筏抛出舷外,落入水中充气、漂浮,等待船上求生人员的登乘,进行海上求生活动。习惯上将用这种方式降放的救生筏称为抛投式救生筏,它一般包括刚性救生筏和气胀式救生筏。

(2)机械吊放式

在船上为救生筏的降放专门配备了降放设备,在船舶发生遇险必须弃船,但又有一定的逃生时间时,打开组合存放救生筏的固定索具,将其抬到吊放设备的吊钩下挂好吊钩,利用吊臂的移动,将救生筏转到登乘甲板的舷外(如果是气胀式救生筏,要先起动气瓶使其充胀成型)临时固定在舷侧,船上人员登乘救生筏完毕后,解开临时固定索具,松放吊筏索。将救生筏降落入水,筏内人员解脱缆绳,离开难船进行海上求生。刚性救生筏和气胀式救生筏都配备有专门的降放设备,方便采用机械吊放式降放。

(3)自由漂浮式

现代船舶配备的救生筏都具有自由漂浮式释放功能。在救生筏存放装置上配有静水压力释放器(Hydrostatic release unit)、薄弱环(Weak link)或易断绳(Weak rope)。当静水压力释放器在其连接位置上,随着船舶的下沉而沉入水下 2~4 m 时,静水压力释放器在水压力作用下,自动解脱救生筏的固定索具,救生筏向上浮起(气胀筏同时充胀成型),通过拉断薄弱环(或易断绳),救生筏脱离难船漂浮于水上,落水人员可以登上救生筏进行海上求生。

4. 按照《LSA 规则》的分类

《LSA 规则》中规定,按照属具备品配备的种类不同、数量不同进行分类的救生筏,在救生筏的筏体等应该加以标明型号的位置上,明显地标示出"SOLAS A PACK"或"SOLAS B PACK"标志。

(1)"SOLAS A PACK"标志的救生筏

依据《LSA 规则》条款 4.1.5.1,配备全部属具备品的救生筏,在救生筏体、救生筏的容器及救生筏内的应急袋型号标志上都应该明显标明:SOLAS A PACK。

（2）"SOLAS B PACK"标志的救生筏

短程国际航行的客船,是指船舶在航行中,距离能够安全安置乘客和船员的港口或地点不超过200 n mile 的国际航行的客船;或船舶航行的最后起航港到最终目的港的航程不超过600 n mile 的客船。在这种船舶上配备的救生筏,在《LSA 规则》规定的属具备品中可以不配备钓鱼用具以及每个额定乘员的口粮、淡水、不锈钢饮料量杯。《LSA 规则》中规定的火焰、烟雾救生信号的配备数量减半(火箭降落伞信号2 支、手持火焰信号3 支、飘浮的烟雾信号1 支),配备这样属具备品和数量要求的救生筏在其筏体、容器及救生筏内的应急袋型号标志上都应该明显标明:SOLAS B PACK。

5.气胀式救生筏的结构

气胀式救生筏采用尼龙橡胶布作为主要制作材料。使用时,由专门的充气钢瓶向筏体充气,使其充胀成圆形、椭圆形或多边形的带有顶篷的救生筏。气胀式救生筏主要由筏体、篷柱、篷帐、筏底以及附属设施器材组成。

（1）气胀式救生筏的结构部位名称

气胀式救生筏的结构和具体的部位名称,如图1-13 所示。

（2）气胀式救生筏的构造及作用

①筏体(Buoyancy tubes):习惯上是指上、下两个浮胎,是气胀式救生筏的主浮力舱。上、下两个浮力胎是两个相互独立的隔舱,为救生筏在载足全部额定乘员和属具后浮于水上提供了足够的浮力。上浮胎的气室通过两个单向阀与支撑篷帐的篷柱相通,充气时,通过上浮胎充气可以直接使篷柱充胀成型。如果上浮胎损坏破漏时,篷柱仍然能够保持支撑状态。下浮胎在保持独立的基础上,在结构上与筏底相连,保持筏体在整体结构上的密闭。上、下浮胎用制造材料保持叠立相连但不相通。

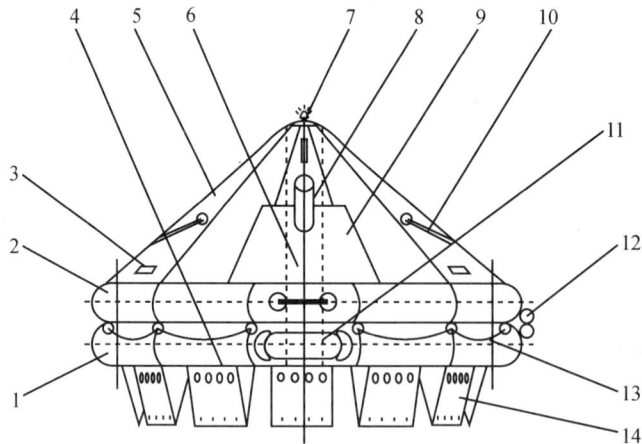

图 1-13　气胀式救生筏的结构和具体的部位名称

1—下浮胎;2—上浮胎;3—反光带;4—筏底;5—篷帐;6—篷柱;7—示位灯;8—瞭望窗;9—进出口;10—雨水沟;11—登筏平台;12—充气钢瓶;13—外扶手绳;14—平衡水袋

②篷柱(Inflated arch tube)与篷帐(Awning)：篷柱主要用于支撑篷帐,与上浮胎相连,形成直立式的圆柱形或者圆柱形的拱门状。篷帐主要是为了避免救生筏内的求生人员直接暴露在自然环境中,起到遮风挡雨、防浪防晒等作用。篷帐由尼龙橡胶布制成,直接粘贴在上浮胎和篷柱上,外表颜色为橙黄色,内部为筏内人员感觉舒适的颜色。

在篷帐外两侧的防雨胶布上,分别设立了一个大"V"字形的流水沟,叫作雨水沟(Rain rill)或雨水收集器(Rain collector)。沟口设有一根橡皮管,直通筏内的积水袋,便于下雨时收集雨水。

有的救生筏在篷帐的边侧设有有机塑料制成的窗,便于筏内人员向外瞭望,这种窗叫作瞭望窗(Viewing port)。有的救生筏在篷帐上设立一个可以提供人员从筏内向外探出脑袋进行瞭望的开口,这个开口称为瞭望口(Lookout port),瞭望口还要对筏内的热量散失、防雨、上浪有所保护。

③筏底(Bottom)：与下浮胎密闭相连,以保证筏体的水密。筏底是两层的,中间形成一个气室。当天气寒冷时,进行海上求生的筏内人员可以用手动充气装置通过筏底补气阀向筏底充气,使得筏内人员与水面相隔一个气垫层,减少了筏内热量的散失,起到防寒保温的作用。当天气炎热时,可以通过筏底排气阀把筏底的气体放掉,这样筏底和水面直接接触可以起到降低筏内温度的作用。但也有厂家生产的救生筏,筏底没有气室,仅在其内侧覆盖一层保温层。

④充气钢瓶(Gas cylinder)：救生筏内通常配有两个高压钢瓶,也有的救生筏只配有一个充气钢瓶连接两根充气管,在应急使用时,分别负责上、下浮胎和篷柱充胀成型,钢瓶内装液态二氧化碳和小部分氮气,瓶口附有瓶头阀。在操作使用时,由充气拉绳(筏的艏缆)控制起动,将瓶头阀打开,钢瓶气体自动向筏体、篷柱充气,并使其充胀成型。钢瓶内配有部分氮气,主要是为了在-30 ℃的低气温充气时,使二氧化碳能够正常使用,并满足快速充胀成型的要求。

⑤安全阀(Safety valve)、补(充)气阀(Charge valve)：在上、下浮胎中各设有一个安全阀,在充胀成型的过程中,如果气体的充胀压力超过工作压力的2倍,安全阀就会自动开启排气减压,减压时安全阀边排放气体边发出"咻咻"的尖叫声,直到达到工作压力为止。在使用过程中,如果发现上、下浮胎及篷柱内气压不足时,可以利用补(充)气阀进行补气。需要说明的是,有些救生筏安全阀和补气阀是一体的,也有安全阀和补气阀是相互独立的。通常安全阀在浮胎外侧,补气阀在浮胎内侧。具有双层筏底气室的救生筏在筏底也设有一个补气阀,可以用来向筏底充气。在上、下浮胎及篷柱上都设有排气阀,用来排除筏体内气体。在正常情况下,待年度检验时,用来排放出筏体内进行充胀成型试验的气体。

⑥扶正带(Righting strap)与平衡水袋(Water pocket)：装配在筏底的外部,从有钢瓶一侧的筏底沿直径方向向另一端引伸并固定好,形成两条平行带,或者形成"V"或"Y"字状的扶正带。主要作用是当筏处于倾覆状态时,水中人员可以借助扶正带将救生筏扶正过来。平衡带在筏底外侧接近下浮胎的下面,周围对称地设立了4~5个平衡水袋。水袋的大小容积是根据额定乘员的人数来确定的,每个袋都设有几个进水口(或者称漏水孔),进水口要能够达到《SOLAS公约》的要求,在筏入水后一定的时间内,进水达到一定

的容量。其主要作用是增加气胀式救生筏的稳性、平衡性,使救生筏在漂流、集结等待救助时增大阻力,降低救生筏随风流漂移的速度。每一个平衡水袋都附设一个提拎绳带,以备救生筏被拖带时,利用提拎绳带将平衡袋提起,使袋内的积水漏出,减少救生筏的阻力,加快拖带的速度。

⑦示位灯(Position light)和照明灯(Interior light):在气胀式救生筏的篷帐顶上,内、外两边各设一盏海水电池灯。外边的灯为示位灯,在视线良好的晚上,示位灯应该能在 2 n mile 外被发现;里边的灯是照明灯,电源为海水电池,其中一块固定储存在救生筏进出口上浮胎稍内侧的专用袋里。备品电池可以供照明 12 h 以上。

⑧进出口和门帘(Window in inter door):《LSA 规则》规定,救生筏额定乘员超过 8 人时,至少应该设有两个对称的进出口。在进出口上装有内、外双层门帘,外层门帘与篷帐外部相连。

⑨内、外扶手绳(Becket line):外部的扶手绳,围绕在救生筏的四周,在上下浮胎的中间部位,供在水中的求生人员攀扶登筏使用。内部的扶手绳,围绕在上浮胎内侧,供筏内乘员在救生筏大幅度摇摆时稳定个人位置,防止随着筏的摇摆人员滑动而受到意外伤害。

⑩登筏踏板(Boarding ramp)与登筏梯(Boarding ladder):登筏踏板又称为登筏平台。《LSA 规则》规定,至少要在一个进口处设有半刚性登筏踏板,以方便在水中的求生人员能从海面登入救生筏内。《LSA 规则》要求,没有设立登筏踏板的进出口,应该备有登筏梯。登筏梯的最下一级踏板,应该位于救生筏的最轻载水线以下不小于 0.4 m 处。一般情况下,气胀式救生筏的登筏梯都是用布带外套橡胶管制成的软梯,为水中的求生人员登乘救生筏提供方便。

二、相关实操训练

1. 实操训练内容

救生艇、救助艇以及救生筏的外观和内部结构认识。

2. 实操训练的目的和要求

实操训练的目的和要求是使受训学员熟悉和了解救生艇筏的基本类型、结构及作用。

3. 实操训练的条件

实操训练的条件有:开敞式救生艇 2 艘、重力式救生艇(全封闭式)1 艘、部分封闭式救生艇 1 艘、自由降落式救生艇 1 艘,气胀式救生筏(已经充气成型)及包裹容器 2 套。

4. 实操训练的步骤

(1)学员集合、清点人数,由实训指导教师讲授本次实操训练的主要内容和注意事项,然后进行现场教学。按照人数进行分组,通常有 2 位教师进行现场教学。

(2)一组进行救生艇外观认识和内部结构认识,另一组则进行救生筏外观认识和内部结构认识。

(3)适时对调,轮换讲授内容。

(4)现场提问学员救生艇筏主要结构名称及作用。

(5)现场清理、器材归位。

(6)教师现场讲评,结束教学活动。

5. 实操训练的要点

（1）开敞式救生艇外观、艏艉、纵横座板、座位、艇底塞、舵与舵柄等的认识。

（2）重力式救生艇的外观、外扶手、示位灯、海水管、静水压力释放器进水口、排水口、排气口等的认识；内部座位、安全带、艏（艉）缆释放装置、照明灯等的认识。

（3）气胀式救生筏外部容器及容器印制内容，完整充气状态下的气胀式救生筏的结构特点。

（4）小艇罗经的照明，航向识读。

（5）重力式救生艇、自由降落式救生艇的存放特点等。

6. 实操训练注意事项

（1）登艇前必须做好安全措施，包括穿救生衣、穿软底鞋、戴安全帽、戴纱线手套等。

（2）设备的操作应在实训指导教师的指导下进行。

（3）爱护救生艇筏，保证设备正确使用，使用完毕后归位整理，并做好使用记录。

任务二　救生艇筏及其属具备品的配备

一、相关知识

（一）救生艇筏的配备

为了确保海上人员的生命安全，增加船舶应急应变的能力，《SOLAS 公约》中针对船舶的不同类型、航区的不同、船舶大小的差异，特别提出了海船配备救生艇的具体要求。

1. 客船上救生艇的配备

（1）从事非短程国际航行的客船应配备符合《LSA 规则》所要求的部分封闭或全封闭救生艇，其在每舷的总容量应该能够容纳不少于船上人员总数的 50%。主管机关可以允许以相等总容量的救生筏来代替救生艇，条件是船舶每舷应配备足够容纳不少于船上人员总数 37.5% 的救生艇。

（2）从事短程国际航行且符合特种分舱标准的客船应配备符合《LSA 规则》所要求的部分封闭或全封闭救生艇，其总容量至少能容纳船上人员总数的 30%。救生艇应尽可能等量分布在船舶每舷。

（3）从事短程国际航行而不符合特种分舱标准的客船，其救生艇及救生筏的配备，与从事非短程国际航行的客船相同。

（4）为船上人员总数弃船所需配备的所有救生艇，包括救生筏，应能在发出弃船信号后 30 min 内，载足全部乘员及属具后降落水面。

（5）500 总吨以下的客船，凡船上人员总数少于 200 人的，在任何一艘救生艇筏掉失或不能使用时，每舷可供使用的救生艇筏（包括存放在一个单一开敞甲板平面上，能够方便地做舷对舷转移的救生艇筏）应足够容纳船上的人员总数。

2. 货船上救生艇的配备

（1）船舶每舷1艘或多艘符合《LSA规则》所要求的全封闭式救生艇，其总容量应能容纳船上人员总数。

（2）货船可配备一艘或多艘符合《LSA规则》所要求的，能在船尾自由降落的救生艇，其总容量应能容纳船上人员总数。

（3）长度为85 m以下的货船，不包括油船、化学品液货船和气体运输船，在任何一艘救生艇筏掉失或不能使用时，每舷可供使用的救生艇筏（包括存放在一个单一开敞甲板平面上，能够方便地做舷对舷转移的救生艇筏），应足够容纳船上的人员总数。

（4）为船上人员总数弃船所需配备的所有救生艇，应能在发出弃船信号后10 min内，载足全部人员及属具后降落水面。

（5）运载散发有毒蒸汽或毒气的货物的化学品液货船和气体运输船，应配备符合《LSA规则》所要求的具有空气维持系统的救生艇。

（6）运载闪点不超过60 ℃（闭杯试验）货物的油船、化学品液货船和气体运输船应配备符合《LSA规则》所要求的耐火救生艇。

3. 救助艇的配备

《SOLAS公约》对船舶配备救助艇有如下要求：

（1）货船应该至少配备1艘救助艇。

（2）500总吨以下的客船至少配备1艘救助艇。

（3）500总吨及以上的客船每舷至少配备1艘救助艇。

（4）如果救生艇也符合救助艇的要求，可以将此救生艇兼作救助艇。

（5）配备在客船上的每艘救助艇，在弃船时需要承担集结的救生筏不超过6个，从事短程国际航行的客船，不超过9个。

4. 救生筏的配备

在救生筏的使用和配备上，《SOLAS公约》有着明确的要求。船舶在投入运营前一定要按照要求，配备具有良好技术状态的救生筏。对于救生筏配备的要求如下：

（1）国际航行的客船，应该配备吊架降落的救生筏（每舷至少设立1台），每船配备的救生筏至少能够容纳船上总人数的25%。

（2）500总吨以下并且船上总人数不超过200人的客船，每舷配备救生筏的总容量应能容纳船上人员总数的100%；如果所配备的救生筏不能从一舷转移到另一舷使用，那么每舷所配备的救生筏应该能容纳船上总人数的150%。

（3）客滚船上配备的救生筏，应该使用海上撤离系统，或者使用均等地分布在两舷侧的救生筏的降落设备。

（4）客滚船上使用的救生筏，应该是自行扶正或带顶篷且两面可用的救生筏；或者除了配备乘载正常额定乘员的救生筏外，还应该配备超过救生艇额定乘员50%的容量；其中至少每4个救生筏还要配有一个雷达应答器。

（5）船长不小于85 m的货船配备的救生筏，每船配备救生筏的总容量应能容纳船上总人数的100%；如果救生筏不能从一舷转移到另一舷使用，每舷配备的救生筏应该能容纳船上总人数的100%。

（6）船长小于 85 m 的货船（液货船、气体运输船除外），每舷配备救生筏的容量为船上总人数的 100%；如果不能够舷对舷地转移使用，则每舷应该配备船上总人数的 150%。

（7）船长不小于 100 m 的货船，应该在船首附近额外配备一个救生筏；必要时，在船尾也可以配有一个同样的筏。

（二）救生艇、救助艇和救生筏的配员

（1）船上应有足够数量受过训练的人员来召集和协助未受过训练的人员。

（2）船上应有足够数量的船员，来操作船上全体人员弃船所需要的救生艇筏及其降落装置。

（3）每艘要使用的救生艇，应设置一名驾驶员或持证人员负责指挥，另外还应该指派一名副指挥协助工作。

（4）救生艇负责人及副指挥，应有一份该救生艇的船员名单，并应确保在其指挥下的船员是熟悉他们的各项任务的。

（5）每艘机动救生艇应指派一名能操作发动机和进行小调整的人员。

（6）船长应确保上述 1、2、3 条所指人员妥善地分配到本船救生艇中。

（7）救生筏和救助艇的乘员分配，应该根据船员的实际情况合理地编制到应变部署表中，在每次演习后可做适当的调整。

（三）救生艇筏的属具备品

1. 救生艇的属具备品

救生艇的属具备品中除了钩篙外，其他所有的物品都应该采取固定的方式存放在救生艇内，储存在救生艇密闭的存放舱柜内或救生艇的封闭舱内，储存在托架内或类似的支架装置上或以其他适宜的方式系固于救生艇内。但是，如果救生艇靠吊艇索降落，艇的钩篙应不加以固定，以供撑开救生艇。属具的系固方式应不致妨碍任何弃船步骤。各项救生艇属具应尽可能小巧轻便，并应该包装合适而紧凑。救生艇的属具备品明细（不限于）如表 1-1 所示。

表 1-1　救生艇的属具备品明细

序号	名称	标准数量	图片	备注
1	可浮手划桨 buoyant oars	足够数量（自由降落救生艇除外）		供在平静海面划桨前进所配备的每支桨应配齐桨架、桨叉或等效装置桨架或桨叉应以短绳或链条系于艇上
2	带钩艇篙 Boat hook	2 支		支撑艇或打捞落水的漂浮物品

续表

序号	名称	标准数量	图片	备注
3	操舵罗经 Steering compass	1 只		该罗经具有发光剂或适当照明装置,在全封闭艇内,应固定在操舵位置;其他救生艇应配备罗经柜以保护它免受气候影响,并且应配备支架装置
4	救生手册 Survival manual	1 本		供求生者阅读的救生须知等
5	可浮水桶/水瓢 Buoyant buckets & bailer	2/1 只		可用于排除艇内积水及收集雨水
6	海锚 Sea anchor	1 只		用于艇顶风顶浪,减少漂移速度;附足够强度的海锚索和回收索
7	艏缆 Painter	2 根		长度不小于救生艇存放处至最轻载水线距离的 2 倍或 15 m,取大者
8	淡水 Fresh water	3 升/乘员		其中每个人所需 1 L 的淡水可用 2 天内能生产等量淡水的海水除盐器来代替,或者其中每个人所要 2 L 的淡水可用 2 天内能生产等量淡水的人工逆渗透除盐器来代替
9	小斧 Hatchet	2 把		救生艇首尾各放置 1 把
10	不锈水勺 Rustproof dipper	1 个		附有短绳
11	量杯 Graduated drinking vessel	1 个		分配淡水使用
12	口粮 Food ration	1 份/乘员		每份热量不少于 10 MJ

续表

序号	名称	标准数量	图片	备注
13	火箭降落式信号 Rocket parachute flare	4 支		夜间发现他船,向他船求救时使用
14	手持火焰信号 Hand flare	6 支		夜间发现他船,向他船求救时使用
15	漂浮烟雾信号 Buoyant smoke signal	2 支		白天发现他船,向他船求救时使用
16	防水手电筒 Waterproof torch	1 把		可用于发送联络信号和求救信号
17	日光信号镜 Daylight signaling mirror	1 面		有阳光时,可用其招引过往船只
18	救生信号图解说明 One copy of the life-saving signals	1 张		印制在防水硬纸上或装在防水容器中
19	哨笛或等效音响信号 Whistle or equivalent sound signal	1 只		发送求救信号
20	急救药包 First-aid outfit	1 套		艇上急救时使用
21	防晕船药 Anti-seasickness medicine	1 份/乘员		48 h 剂量
22	清洁袋 Clean bag	1 个/乘员		晕船呕吐时使用
23	水手刀 Jack-knife	1 把		附短绳系于艇上
24	可浮救生环 Buoyant rescue quoit	2 个		抛掷给水中人员,进行救助,长度不少于 30 m
25	手摇泵 Manual pump	1 个		用于排除艇内积水

续表

序号	名称	标准数量	图片	备注
26	钓鱼用具 Fishing tackle	1套		补充食品
27	罐头刀 Tin opener	3把		
28	修理工具 Repair tools	1套		对发动机及附件进行微调整
29	手提式灭火器 Portable fire extinguisher	1具		用于扑灭油类火灾
30	雷达反射器 Radar reflector	1具		放置艇外,增加雷达反射效果,配有雷达应答器者除外
31	探照灯 Searchlight	1具		搜索海上落水人员
32	保温用具 Thermal protective aid(TPA)	10%额定乘员或2件,取大者		抗暴露,御寒保暖

备注:如主管机关在考虑该船所从事的航行性质与时间认为12和26项所规定的属具为不必要者,可准予免配。

2. 救助艇的属具备品明细

救助艇的属具备品明细(不限于)见表1-2。

表1-2　救助艇的属具备品明细

序号	名称	标准数量	图片	备注
1	可浮手划桨 buoyant oars	足够数量		供在平静海面划桨使用
2	可浮水瓢 Buoyant bailer	1只		可用于排除艇内积水
3	操舵罗经 Steering compass	1只		该罗经具有发光剂或适当照明装置
4	海锚 Sea anchor	1只		用于艇顶风顶浪,减少漂移速度;附足够强度的海锚索和回收索

续表

序号	名称	标准数量	图片	备注
5	艏缆 Painter	1根		降放与回收时可以控制艇首方向
6	可浮索 Buoyant line	1根		长度不少于50 m,拖带救生艇筏使用
7	防水手电筒 Waterproof torch	1把		可用于发送联络信号和求救信号
8	哨笛或等效音响信号 Whistle or equivalent sound signal	1只		发送求救信号
9	急救药包 First-aid outfit	1套		艇上急救时使用
10	可浮救生环 Buoyant rescue quoit	2个		抛掷给水中人员,进行救助,长度不少于30 m
11	探照灯 Searchlight	1具		搜索海上落水人员,光强2 500 cd,持续时间不少于3 h
12	雷达反射器 Radar reflector	1具		放置艇外,增加雷达反射效果,配有雷达应答器者除外
13	保温用具 Thermal protective aid	10%额定乘员或2件,取大者		抗暴露,御寒保暖
14	手提式灭火器 Portable fire extinguisher	1具		用于扑灭油类火灾
15	带钩艇篙 Boat hook	2支		打捞落水的漂浮物品,刚性救助艇备有
16	可浮水桶 Buoyant bucket	1只		可用于排除艇内积水及收集淡水,刚性救助艇备有
17	小刀或小斧 Knife or hatchet	1把		刚性救助艇备有,应急用
18	可浮安全小刀 Buoyant knife	1把		充气式救助艇备有

续表

序号	名称	标准数量	图片	备注
19	海绵 Sponge	2块		充气式救助艇备有,排除艇内积水或收集淡水
20	手动充气泵 Manually pump	1具		充气式救助艇备有,为艇补气
21	修补工具 Repair kit	1套		充气式救助艇备有
22	安全型艇篙 Safety boat-hook	1支		充气式救助艇备有

3. 救生筏内的属具备品

在《LSA 规则》中,规定了救生筏至少应该配备的属具备品。救生筏的属具备品明细(不限于)如表1-3 所示。所有属具备品只要可能应该全部装入容器,并牢固地存放在救生筏内。在救生筏充胀成型后,仍然能固定存放在筏内,以便于进入救生筏的人员能在应急时使用。

表 1-3　救生筏的属具备品明细

序号	名称	标准数量	图片	备注
1	可浮手划桨 Buoyant paddle	2支		人员登乘后,用桨划离难船
2	可浮救生环 Buoyant rescue quoit	1个		抛掷给水中人员,进行救助,长度不少于 30 m
3	可浮水瓢 Buoyant bailer	1个		可用于排除艇内积水及收集雨水;乘员超过 12 人的配2个
4	海绵 Sponge	2块		充气式救助艇备有,排除艇内积水或收集淡水
5	救生手册 Survival manual	1本		供求生者阅读的救生须知等
6	海锚 Sea anchor	2只		一只系于筏上控制筏顶风,另一只备用
7	淡水 Fresh water	1.5升/乘员		应急使用

续表

序号	名称	标准数量	图片	备注
8	哨笛或等效音响信号 Whistle or equivalent sound signal	1 只		发送求救信号
9	量杯 Graduated drinking vessel	1 个		分配淡水使用
10	口粮 Food ration	1 份/乘员		每份热量不少于 10 MJ
11	火箭降落式信号 Rocket parachute flare	4 支		夜间发现他船,向他船求救时 使用
12	手持火焰信号 Hand flare	6 支		夜间发现他船,向他船求救时 使用
13	漂浮烟雾信号 Buoyant smoke signal	2 支		白天发现他船,向他船求救时 使用
14	防水手电筒 Waterproof torch	1 把		可用于发送联络信号和求救 信号
15	日光信号镜 Daylight signaling mirror	1 面		有阳光时,可用其招引过往 船只
16	救生信号图解说明 One copy of the life-saving signals	1 张		印制在防水硬纸上或装在防 水容器中
17	急救药包 First-aid outfit	1 套		艇上急救时使用
18	防晕船药 Anti-seasickness medicine	1 份/乘员		48 h 剂量
19	清洁袋 Clean bag	1 个/乘员		晕船呕吐时使用
20	剪刀 Scissor	1 把		用于剪裁
21	修补工具 Repair kit	1 套		充气式救生筏备有,修补筏 体、筏底漏洞

续表

序号	名称	标准数量	图片	备注
22	手动充气泵 Manually pump	1 具		充气式救生筏备有,为筏体补气
23	钓鱼用具 Fishing tackle	1 套		补充食品
24	罐头刀 Tin opener	3 把		
25	雷达反射器 Radar reflector	1 具		放置艇外,增加雷达反射效果,配有雷达应答器者除外
26	保温用具 Thermal protective aid	10%额定乘员或2间,取大者		抗暴露,御寒保暖
27	可浮安全小刀 Buoyant knife	1 把		可浮的,非折叠型,存放在靠近筏艏缆处,用来割断绳索

4. 救生艇筏中的淡水和食品

（1）淡水

水是构成人体的主要物质,是维持人体生理活动必要的营养物质,大约占体重的70%～75%。人体内缺少大约1/5的水分,就可能造成死亡。一个成年人在正常情况下,每天至少消耗 2.5 L 的淡水,其中通过肾脏器官、出汗排出 2 L,肺及其他内脏器官消耗 0.5 L。人体内失去的水分,如果不能够及时得到补充,就会失去平衡,造成生命危险。一个成年人在正常情况下,为了维持活着每天至少需要饮用淡水 0.5 L,淡水对于求生者来说要比食物更加重要。在有淡水无食物的条件下,人维持生命的时间能达到 40～60 天;若在有食物没有淡水的条件下,人维持生命的时间只能是 10 天左右。

救生艇内按额定乘员每人配备淡水 3 L,离开难船登上救生艇筏后,第一个 24 h,不吃不喝,依靠体内原来的水分和营养维持。第二天开始,每人每天分发 0.5 L 的淡水,可以使用 7 天。救生筏内每个额定乘员配备 1.5 L 淡水,与救生艇同样的使用方法,可以使用 4 天。在救生艇筏内饮用淡水时,每天 0.5 L 的淡水要分 3 次饮用(早、中、晚),在饮用时,要小口地喝,要在口中含一会儿,使这少量的淡水充分地润泡一下口腔、舌、唇后,再慢慢地咽下,既维持了生命,又克服了口渴的难忍之苦。

在海上求生的过程中淡水的补充主要来源于雨水,其他的来源包括露水、霜、雪等,当在极区附近航行时,可以打捞海中陈旧古老的冰块,这种冰块表面显示蓝色、片圆状、边缘不光滑,容易破碎,非常好辨认。而年代比较近的冰块,轮廓粗糙,近似乳白色,含盐量较高,化成水后也不能喝。

在收集雨水时,应该使用救生艇筏中所有能够盛装水的容器,先用雨水将容器冲净去掉容器中的盐分,然后每个乘员喝足雨水,再盛接雨水储存。当雨水与艇筏中所配给的淡水共存时,应该先饮用雨水。淡水的保鲜期的长短主要与三个条件有关:其一是水的质量;其二是盛装水容器的清洁度;再者是保存水的环境温度,在三个条件合适的情况下,淡水的保鲜期在50天左右。

在海上求生过程中,极端缺水的情况下,找寻到了水,非常想立即饮用。但是为了安全,必须利用一切措施保证饮用水的安全。发现水后,先判断一下是否能够正常饮用。求生者可以先闻一闻水是否有异味,无异味浑浊可以采用过滤澄清,或者使用漂白粉,在一桶20 L的水中,添加约10 mg漂白粉充分搅拌溶解。待漂浮物沉淀,水清澈后既可以饮用,也可以在一桶20 L左右的水中添加浓度为2.8%的碘溶液8滴,在8~10 min后,就可以饮用了。如果条件允许,一般的水烧开3 min后,即可饮用。在无条件的情况下,可以采用试喝的方法,一个人先少喝几口水;待2~4 h后,没有什么反应,再让其稍多喝一些;再待4 h后,如果没有什么问题,说明这个水就可以喝,但是一次不能多喝,以确保安全。

除此之外,还可以拧绞非常新鲜鱼的鱼肉的汁来解渴,非常新鲜鱼的眼窝内的汁液可以代替淡水饮用,鱼的骨髓可以用来解渴。在热带亚热带水域,可以钓海龟,海龟的血可以解渴。

另外,如果有要求,可以在救生艇筏中配备能用人工驱动的海水除盐器,将海水淡化为饮用水。《LSA规则》要求该除盐器不能依靠太阳能,也不能依靠海水以外的化学品来生产出淡水。

世界卫生组织(WHO)郑重地向海上求生人员发出警告:在海上求生中不能饮用海水或尿,因为海水的含盐量通常在5%以上,如果饮用100 mL的海水,为了排泄掉其中所含的盐分,不仅要把饮入海水中的水分全部排出体外,还要额外再使身体失去50 mL的水分。否则,体内盐分就会增加,使人体肾脏等器官负担过重受到严重伤害,丧失其功能,同时还会导致心脏负担过重,危及生命安全。有人做过统计分析,在求生过程中,由于饥渴喝海水而死亡的人数要比没有喝海水而死亡的人数高出10倍以上,因此,在海上求生过程中绝不能饮用海水。

尿,本身有一股尿骚味,容易引起呕吐。进一步减少体内的水分,再加上在海上求生过程中长时间的缺乏饮用水使得尿液少而浓,大大增加有毒物的含量。因此,饮用尿不仅不能解渴,还会导致恶心、呕吐,使身体水分减少,从而导致死亡。

(2)食品

救生艇筏中每一个额定成员都应配备具有10 000 kJ热量的压缩饼干式食品一份。救生艇筏中配给的干粮主要营养成分是按照最佳营养比例配制而成的,含有适量的蛋白质、脂肪、糖类等的碳水化合物,艇筏中绝不允许配备容易使人口渴的食品。

有研究表明,一个人每天能够获取大约2 100 J热量的食物,就不会感觉到饿,获取大约4 200 J热量的食物就能维持体力。救生艇筏中每一个额定成员配给的口粮是按6天配备的,离开难船登上救生艇筏后第一个24 h,不吃不喝,依靠身体内原来的水分和养分消耗。第二天开始,每人一块饼干,分三顿吃(早、中、晚),当第三天后还没有获救,将一块饼干分为两天吃。

人体吸收营养是靠水分的溶解,胃肠器官才能吸收,而救生艇筏所配给干粮的营养成分的吸收,只靠少量的水分或不依靠水分的溶解就可以被吸收。因此,在没有淡水的时候,什么食物也不可以吃,只有少量水的时候,仅可以吃救生艇筏所配给的干粮。因为消化食品是要消耗体内水分的,没有饮用水,只是吃食物会增加人的口渴及对淡水的需求。

当然,如果淡水充足,食品的补充来源也是比较多的,在救生艇筏的属具备品中有钓鱼用具一套(包括鱼线、鱼钩、鱼饵),钓上来的鱼肉可以充饥,鱼血可以止渴。另外,各类海藻大多数都可以生吃,海藻的叶子不仅吃起来比较方便,还富有维生素和矿物质。

但是,不是所有被钓上来的鱼都可以吃的,捕捞上来的颜色特别鲜艳的鱼不能吃;鱼的身体形状比较奇特的不能吃;鱼肉有辛辣味的不能吃;鱼体表面黏液质比较多的不能吃;肺鱼、墨水鱼、鱼体上长刺的鱼不能吃;鱼体上有硬毛或棘毛大多数是有毒的鱼;用手按一下鱼的身体,留下凹陷印记的不能吃。在吃海藻时,寄附在海藻上的寄生贝类不能吃。

救生艇筏上有很多可以利用的捕捞鱼的用具,如别针、发夹、衣领钩、裤钩、钉子、鞋带等。

(四)无线电救生设备及视觉求救信号

为了及时地将船舶发生海难事故和求救的信息(难船的船位,遇险的性质等)向难船附近航行的船舶、飞机以及主管机关、救助单位、船舶所属公司等相关单位报警求助,船上配备了一些无线电救生设备。当船舶发生海难事故决定弃船时,应该由专人将指定的可携型无线电救生设备携带到救生艇筏上,以便于在求生过程中持续、有效地发出求救信息。

目前,船舶配备的可以在救生艇筏上使用的无线电救生设备,主要有下列几类:

应急无线电示位标。应急无线电示位标(Emergency Position Indicating Radio Beacon, EPIRB)被起动后,可以发出遇险信号,发出的信号经卫星转发后传至相关的搜救中心,以便采取适当的行动使遇险人员获救。

搜救雷达应答器。搜救雷达应答器(Search and Rescue Radar Transponder, SART)用于在船舶遇险时寻找遇难船舶、救生艇筏或求生者,以及求生者手持搜救雷达应答器时,可以使他们得知是否有救助船舶或飞机在靠近。

甚高频双向无线电话(Two-way VHF Radiotelephone)。甚高频双向无线电话使用简单方便,主要用于较短距离遇险通信。

1. 应急无线电示位标

应急无线电示位标是船舶应急无线电设备,其在船舶遇险时可人工或自动起动,可以发出遇险信号,发出的信号经卫星转发后传至相关的搜救中心,其中的船舶识别码和测定位置数据将有助于搜救中心采取适当的行动使遇险人员获救。它是全球海上遇险和安全系统中重要的船对岸的报警装置。

(1)406 MHz EPIRB 简介

在 GMDSS 中船用示位标原有三种,即 VHF 频段 CH 70 EPIRB(已停止生产)、1.6 GHz EPIRB(已停止服务)、406 MHz EPIRB。近年来,也出现了融合了船舶自动识别系统(AIS)功能的新型的示位标,如 SmartFind G8-AIS(如图 1-14 所示)。

图 1-14 SmartFind G8-AIS 实物图

406 MHz EPIRB ,工作频率 406 MHz,同时含有载波为 121.5/243 MHz 自引导信号,它是 COSPAS/SARSAT 系统的船上终端设备。目前 GMDSS 系统中使用的应急无线电示位标只有这一种,《SOLAS 公约》要求所有船舶配备自浮式 406 MHz EPIRB。

①406 MHz EPIRB 构造

船用 EPIRB 一般内装两个发射机,406 MHz 发射机和 121.5/243 MHz (121.5 MHz 和 243 MHz EPIRB 不是强制的)发射机,用于发射遇险报警信号。同时 121.5/243 MHz 发射机发射的信号还可作为搜救飞机和搜救船舶的寻位信号。

在船上的 406 MHz EPIRB 要求安装在自浮式支架上,并能人工起动和自动起动。EPIRB 起动后,每 50 s 发射一次 0.5 s、功率为 5 W 的射频脉冲。EPIRB 的电池使用年限为 4 年,电池容量为 48 h。自浮式支架上的静水压力释放器使用年限为 2 年。

②EPIRB 的装船注册

如果船舶要配备 EPIRB,应及时向有关机构注册。注册的内容都在注册卡上标明,主要包括装船 EPIRB 的出厂序列号,船舶的国籍、船东、船名等信息。如果注册的内容有任何的变更,应迅速通知注册机构,比如:船舶的变更、船东的变更、EPIRB 丢失、被盗等,都要迅速通知注册机构。

(2)406 MHz EPIRB 的起动方式

EPIRB 的起动方式分为两种:自动起动和手动起动。

①自动起动

如果示位标的存放盒或安装支架是浮离式的,则该示位标可以自动起动。具体是指当船舶遇险,船体下沉到一定深度后(一般为 1.5～4.0 m),由静水压力释放器测得海水静压力,释放机构自动起动,示位标脱离支架或者存放盒,浮出水面,开始发射报警信号,所以自动起动式示位标需要安装在没有遮挡的暴露场合处。当然,自动起动式示位标也可以手动起动。

②手动起动

手动起动是指人为地将示位标从安放支架或存放盒中取出,手动起动示位标的遇险报警功能,使示位标开始发射遇险信号。

当船舶发生海难需要弃船时,只要条件许可应从存放架上取下示位标带到救生(艇)筏上。一旦救生(艇)筏降放到水中,解开拉索将示位标系在救生(艇)筏上,然后将示位标抛入水中使其漂浮在救生(艇)筏旁边。因海水开关已经接通,示位标开始自动发射遇险报警信号。

当船舶沉没时如果船上装备可自行漂浮的 EPIRB,当船舶下沉到水面以下 1.5~4 m时,其静水压力释放将自动从存放盒中将 EPIRB 弹射释放出来。海水开关已经接通电源,EPIRB 浮到水面开始发射遇险报警信号,如果可能,应该收回示位标系到救生(艇)筏上。

(3)应急无线电示位标的维护保养

应急无线电示位标的维护保养主要包括一些部件的更换及日常维护保养。

①电池的更换。不同型号示位标电池的有效期是不同的,一般为 3~5 年,有效期通常标记在手动起动式示位标圆顶的后侧或自动起动式示位标的存放盒上。

②静水压力释放器的更换。静水压力释放器的有效期一般为 2 年,有效期通常标记在静水压力释放器侧面的标签上。

③电池和静水压力释放器的有效期要经常查看,到期前应及时报告申请安排换新,换新后的电池、释放器要标明有效期。

④每月利用设备自身提供的自检测方式,检测设备工作状态。

⑤检查应急无线电示位标机体上的标志是否清晰,如果异常及时更换。

⑥到港时注意防盗。

⑦定期测试。根据《SOLAS 公约》的要求:卫星应急无线电示位标(EPIRB)应在不超过 12 个月的间隔期内,对其操作有效性的各个方面进行测试。届时应及时通知部门负责人并且做好相关记录,将各项检查结果填入无线电日志中。

2. 搜救雷达应答器(SART)

(1)SART 的功能及原理

在 GMDSS 系统中,遇险船可利用各种手段进行遇险报警。在报警信息中,包含遇险船舶的位置信息,但是由于受到客观原因的制约,例如遇险船舶使用的定位系统的精度等因素,遇险船舶或幸存者报告的位置与实际的位置可能存在一定的误差和变化,考虑遇上恶劣海况、浓雾或黑夜,现场搜救幸存者的工作难度很大。为尽快发现幸存者,在 GMDSS系统中,公约船都按要求配备了搜救雷达应答器,解决了现场搜救不易发现失事地点或幸存者的问题,使得遇险船舶、救生艇或幸存者可能被迅速发现和获救。

搜救雷达应答器是 GMDSS 系统中用来近距离确定遇难船舶、救生艇筏及幸存者位置的主要方式。SART 是遇险现场使用的设备,能引导搜救飞机或搜救船舶尽快地搜寻到遇险者,并可让持有 SART 的幸存者知道是否有救助飞机或救助船舶在靠近他们。

搜救雷达应答器实际上是一个被动触发式的雷达信号产生器,当船舶在海上遇险,由人工起动使其处于待命状态,在没有被雷达信号触发前,设备处于接收状态,当被 9 GHzX-band 导航雷达波触发以后,应答一个雷达信号,以在 9GHz 的雷达屏幕上形成由 12 个菱形光点组成的直线来显示遇险者的相对方位,使搜救船舶和飞机非常容易能够发现和辨别。

SART 标志信号在 X 波段雷达屏上的视觉效果,如图 1-15(a)、(b)、(c)所示。其中图 1-15(a)描述的是双方距离较远时的情形。随着双方距离渐近,雷达所收到的 SART 信号也逐渐增强,因而在大光点附近会逐渐出现小光点。这主要是 SART 应答雷达波的回扫信号造成的。当距离近至约 1 n mile 甚至更近时,雷达天线的旁瓣方向也能接收到 SART 的信号,导致雷达显示器上的标志信号由 12 个光点逐渐扩展为 12 条弧线,如图 1-15(b)所示。再近时则形成 12 个同心圆,如图 1-15(c)所示。这时的标志信号只能用来测距,却无法用来测量方位。为避免出现上述情况,要求搜救雷达的操作员必须随距离的逐渐接近,适时降低雷达增益。始终保持雷达显示器上 SART 标志信号呈 12 个光点状态。

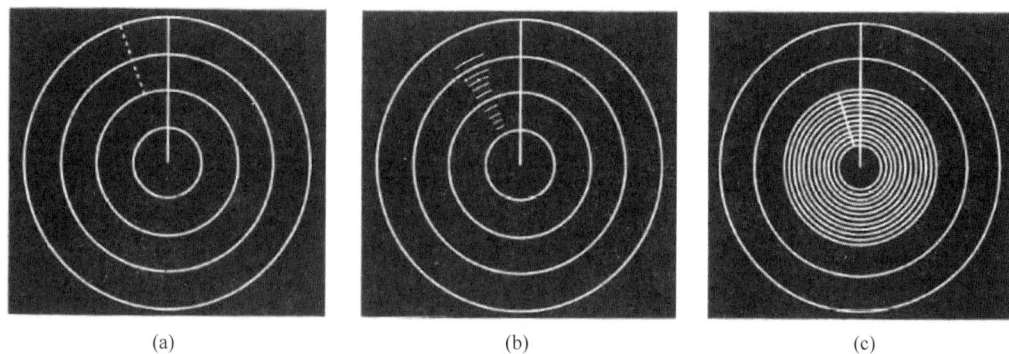

| (a) | (b) | (c) |

图 1-15　SART 标志信号在雷达显示器上的视觉效果图

另外,在 SART 上还同时设有声、光指示装置,以便遇险幸存者判定设备的工作状态和与搜救单位之间距离的远近。例如 TRON 型的 SART,在其处于待命状态时,其上的指示灯以亮 0.5 s、灭 1.5 s 的 2 s 周期闪动。当其接收到雷达信号后,其频率加快,改为以亮 0.5 s、灭 0.5 s 的 1 s 周期闪动;而声响装置在待命状态不发声,在收到雷达信号后,远距离时,能周期性地听到 SART 应答雷达信号时发出的短促声,随距离渐近,周期渐短,直至变成连续的声响,此时表明搜救雷达已经近在咫尺了。若听到几种不同音调的声响时,则可断定有多艘救援船舶或多架飞机到达。近年来,也出现了一种新型的 AIS 融合 SART,如 McMurdo SmartFind S5A AIS SART(如图 1-16 所示),当装配有 AIS 设备的救助船舶前来救助时,可以通过 AIS SART 及时发现遇险者。

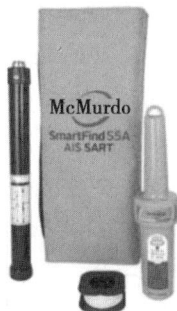

图 1-16　McMurdo SmartFind S5A AIS SART 实物图

（2）SART 技术指标

①电池要求能够待机 96 h，遇到雷达的反射波后要连续发射 8 h，有效范围不但能对 5 n mile 以内的、离海面 15 m 高的船用雷达起反应，而且能够对 914.4 m 高、30 n mile 以内的、10 kW 的飞机雷达起反应；

②能从 20 m 高处落入水中而不损坏；

③在 10 m 深水处，至少保持 5 min 而不进水；

④单独落入水中，应能自动正向立起，指示灯在上面；

⑤应有一根与 SART 连接的浮动绳索，以提供遇难幸存者系在身上使用；

⑥所有表面应呈可见度高的橘黄色。

（3）公约规范对其要求

《SOLAS 公约》第Ⅲ章救生设备和装置中关于雷达应答器的配置要求为：

所有客船和所有 500 总吨及以上的货船每舷须配备至少一个搜救雷达应答器。所有 300 总吨及以上但低于 500 总吨的货船须配备至少一个搜救雷达应答器。该搜救雷达应答器须符合适用的性能标准，该性能标准不低于本组织通过的性能标准。该搜救雷达应答器的存放位置须使其能够被迅速地放置到除第 31.1.4 条要求的救生艇筏以外的所有救生艇筏上。也可以在每艘救生艇筏上（第 31.1.4 条要求的救生艇筏除外）安置一个搜救雷达应答器。至少配备两个搜救雷达应答器，配备有自落式救生艇的船舶须在自落式救生艇中安置一个搜救雷达应答器并将另一个搜救定位装置安置于最靠近驾驶台的地方以便在船上使用并转移到另一艘救生艇筏上（如图 1-17 所示）。

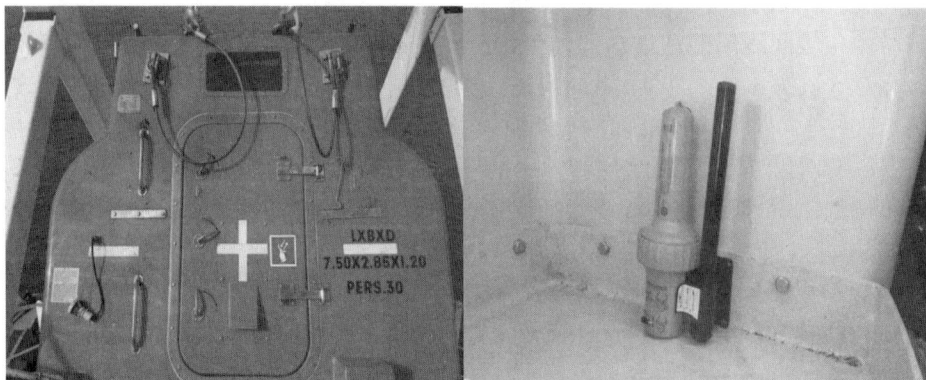

图 1-17 自由降落式救生艇上的搜救雷达应答器实物图

搜救雷达应答器的搜索与救助功能主要体现在以下两个方面：

①在搜救船舶或直升机上的导航雷达探测脉冲作用下，搜救雷达应答器发射的信号能使搜救船舶或直升机上的导航雷达显示器上显示搜救雷达应答器的确切位置；

②能使手持搜救雷达应答器的求生者或配备搜救雷达应答器救生艇筏上的人员确信有搜救船舶或直升机在靠近他们。

搜救雷达应答器通常存放在驾驶台内两侧的存放架上，存放位置应有明显标志（如图 1-18 所示）。

（4）基本结构及操作

图 1-18　驾驶台上存放的雷达应答器实物图

S4 RESCUE SART 是英国 MCMURDO 生产的搜救雷达应答器,其外形及结构示意图如图 1-19 所示。它的机体为醒目的橙色热塑性塑料,通过不锈钢装置与密封电池连成一体,"O"形密封圈可以保持连接部位水密。旋转环形开关可以执行起动、关闭和测试功能。一旦移除安全卡扣,环形开关将自动转到起动位置。环形开关为弹性设计,可以从"TEST"位置自动返回。

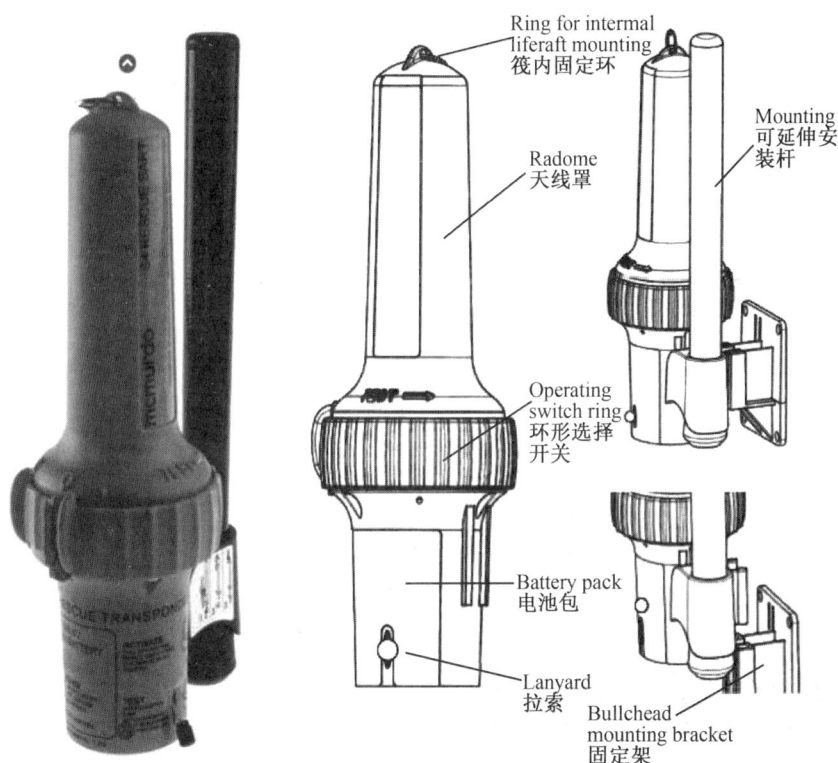

图 1-19　S4 RESCUE SART 外形及结构示意图

3. 甚高频双向无线电话

甚高频双向无线电话便于携带,使用简单方便,通信距离较短,主要用于船内通信,如船头与船尾之间有关于遇险与搜救的通话;在应急时用于救生艇筏及本船相互间的通信;在搜寻救助时用于救助艇或搜救飞机与难船或救生艇筏之间的搜救现场通信。

（1）技术性能及配备

甚高频双向无线电话的主要技术性能是:

①可以从 1 m 高处向硬表面跌落,在 1 m 水深处能保持水密至少 5 min。

②在浸没状况下受到 45 ℃的热冲击时能保持水密性,不受海水或油的损坏。

③长期暴露于阳光下不致性能减退,应有明显的黄/橙颜色的标志。

④应能在 156.8 MHz 频率(甚高频 16 频道)和至少一个额外的频道工作,所有选配的频道只用于单一的语音通信。在任何光线环境下指示出 16 频道已被选择,应在开机后 5 s 内工作。

⑤有效辐射功率的最小值为 0.25 W。如果有辐射功率超过 1 W,则有一功率降低开关,以使功率降低至 1 W 或更小。当用于船上通信时,输出功率在这些频率上不得超过 1 W。

⑥天线应当是垂直极化的并尽可能在水平面上是全向的,天线应适于在工作频率上对信号进行有效的辐射和接收。

⑦音频输出要足以在船上和救生艇(筏)中可能遇到的环境噪声范围内被听到。

⑧双向无线电话应能在-20 ℃~+55 ℃的温度范围内工作,在-30 ℃~+70 ℃的温度范围内存放时,不应有损坏。

对于甚高频双向无线电话的配备,《SOLAS 公约》要求在客船和 500 总吨及其以上的货船上至少应该配备 3 台,在 300 总吨及以上、500 总吨以下的货船至少应该配备 2 台。甚高频双向无线电话应配备有效的应急备用电池,应急备用电池不可充电。甚高频双向无线电话平时以充电方式存放在驾驶台(如图 1-20 所示),船上主管人员应定时测试其工作性能。

图 1-20　双向无线电话平时以充电方式存放在驾驶台

甚高频双向无线电话设备有多种型号,以在船上比较常见 ICOM 公司的 IC-GM1600 甚高频双向无线电话为基础,介绍甚高频双向无线电话的结构名称(如图 1-21 所示)。这是一款救生艇筏双向无线电话,其输出功率为 1 W 和 2 W。

（2）操作方法

①顺时针旋转音量控制旋钮［OFF/VOL］，接通电源。

②逆时针旋转静噪控制旋钮至最大。

③用音量控制旋钮［OFF/VOL］调节音量至合适水平。

④顺时针转动静噪控制旋钮，直至噪声刚好消失为止。

⑤按下功率选择键，可选择发射功率，显示"LOW"为低功率（1 W）发射，不显示"LOW"则为高功率（2 W）发射。

⑥按住 PTT 键，发送讲话信息；松开该键，接收声音信息。

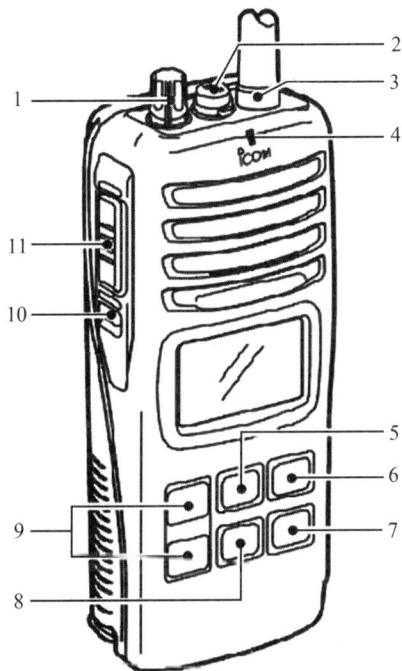

图 1-21　IC-GM1600 结构图

1—音量调节旋钮；2—麦克风连接口；3—天线；4—收发指示；5—呼叫键；6—频道键；7—发射功率选择；8—频道选择；9—频道号上下调节键；10—静噪开关；11—PTT 键

4. 求救视觉信号

船舶除了配备无线电救生设备外，在船舶驾驶台和救生艇筏内，按规定还配有一定数量的视觉信号。其主要有：火箭降落伞火焰信号（Rocket parachute flares signals）、手持火焰信号（Hand flares signals）、漂浮烟雾信号（Buoyant smoke signals）、日光信号镜（Daylight signaling mirror）等。

船舶在遇险时，发现有来船或者飞机在待救的海域附近航行，可以利用这些视觉信号显示难船以及救生艇筏的大致方位，以便引起周围船舶、飞机上人员的注意。在使用这些信号时应特别注意，白天最好使用烟雾信号，夜间尽可能使用灯光火焰信号，以达到容易被发现的目的,而且只有当船舶、飞机出现在视线范围内时使用这些信号,才会起到遇险报警的作用。

（1）火箭降落伞火焰信号技术性能

①火箭信号垂直发射的高度不少于 300 m。

②发出明亮红光,平均光强不小于 30 000 cd,燃烧时间不小于 40 s。

③降落速度不大于 5 m/s。

④在燃烧时不烧损降落伞或其附件。

（2）手持火焰信号技术性能

①可发出明亮均匀的红光,平均光强不少于 15 000 cd,燃烧时间不少于 1 min。

②侵入 100 mm 深的水中历时 10 s 后,仍能继续燃烧。

（3）漂浮烟雾信号技术性能

①在平静水面漂浮时,能均匀喷出鲜明颜色(通常为橙/黄色)的烟雾,持续时间不少于 3 min;

②在整个喷出烟雾期间,不喷出任何火焰;

③在海浪中不会被淹没,在侵入 100 mm 深的水中历时 10 s 后,仍然能喷出烟雾。

（4）日光信号镜技术性能

镜面质量比较好的反光镜,如果操作正确,在强烈的日光下,可以被 10 n mile 外的目标发现。

（5）哨笛与灯光信号

①杂乱的哨笛声容易引起对方注意;声音在顺风方向可传送到较远的距离。

②夜晚可利用电筒发光的长短信号发送遇险信号,杂乱的电筒灯光可引起船舶和飞机的注意。

（6）求救视觉信号的配备

救生艇筏和船舶中应该配备的视觉求救信号,在《SOLAS 公约》中无论是在种类还是在数量上都有明确的规定。《SOLAS 公约》对视觉求救信号的种类和数量上的最低要求如表 1-4 所示。

救生信号(除日光信号镜外)在使用年限和数量上都有一定的限制,因此有年限规定的救生信号应在平时的检查中发现超过规定年限予以更换,使之处于有效期限内,确保在应急使用时能保证良好的技术状态。

表 1-4 《SOLAS 公约》对视觉求救信号的种类和数量上的最低要求

		信号名称	救生艇	救生筏	船舶驾驶台
视觉信号	夜间用	火箭降落伞信号	4	4	12
		手持火焰信号	6	6	—
		防水手电筒	1	1	—
	白天用	日光信号镜	1	1	—
		飘漂浮烟雾信号	2	2	—

二、相关实操训练

1. 实操训练内容

救生艇筏属具备品的认识和主要属具备品的操作或使用演示。

2. 实操训练的目的和要求

实操训练的目的和要求是使受训学员熟悉救生艇筏内主要属具备品的操作和使用方法。

3. 实操训练的条件

展示有救生艇筏各种属具备品的陈列室1间。

4. 实操训练的步骤

(1)学员集合清点人数,由实训指导教师讲授本次实操训练的主要内容和注意事项,然后进行现场教学。

(2)按照人数进行分组,通常有1~2位教师进行现场教学。

(3)一组重点介绍艇筏内雷达反射器、双向无线电话、搜救雷达应答器(SART)、应急无线电示位标(EPIRB)等的使用;另一组介绍其他属具备品的使用,适时对调,轮换讲授内容。

(4)现场提问学员主要属具备品名称及操作使用方法。

(5)现场清理、器材归位。

(6)教师现场讲评,结束教学活动。

5. 实操训练的要点

(1)雷达反射器、反射面的插接支撑成型及撑起固定。

(2)双向无线电话的正确使用。

(3)应急无线电示位标的作用、工作原埋及自动释放原理,展示器材所属开关的作用。

(4)搜救雷达应答器,现场示意介绍起动程序及雷达触发后,雷达应答器及雷达上的声、光反应。

(5)火箭降落伞信号的操作(如图1-22所示)

①撕掉外包装塑料袋,注意外壳上朝上的指示箭头,不要拿颠倒了,垂直握好。

②按照外壳上的说明和图解进行操作。

③将上盖外围水密胶布撕掉,打开上盖。

④将下盖外围水密胶布撕掉,打开下盖,露出底部触发器(拉环式或压杆式)。

⑤一手握住火箭发射筒垂直高举过头,有风时可略偏上风;另一只手向下拉拽拉环或手掌向上推压杆。

⑥双手迅速握紧火箭发射筒,火箭很快发射升空。

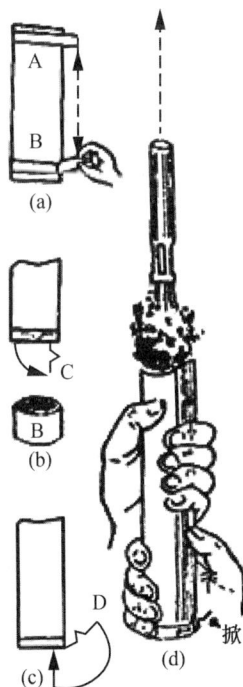

图 1-22 火箭降落伞信号的操作示意图

⑦升高 300 m 左右,爆炸,发出明亮的红色火焰,亮度不少于 30 000 cd,以不大于 5 m/s 的速度下降。

(6)手持红光火焰信号的操作

手持红光火焰信号操作(如图 1-23 所示)与红火箭降落伞信号操作方法相似,其筒状外壳上也标示操作说明和图解,按照其操作步骤进行就可以安全点燃。

图 1-23　手持红光火焰信号示意图

①撕去外包装塑料袋,撕开上下端的水密胶布,并脱去封盖。

②抽出内筒并拧开其底部的擦火塞。

③将外筒顶部的螺柱拧入内筒底部的螺孔。

④用擦火塞在药柱顶端擦划即可发火燃烧。

⑤信号点燃后将其伸向下风,使用时持在手上,能发出明亮均匀的红光火焰,光强不少于 15 000 cd,持续时间不少于 1 min。

⑥有的红光火焰信号不分内外筒,分上下筒。下筒是空的,以便于手握。

(7)飘浮的烟雾信号操作

外壳为一金属或塑料圆罐,上面有一封盖,装在塑料封袋中。圆罐上标示着操作说明和图示,按其说明进行操作。

①撕去上盖水密封胶,揭去盖子,露出拉环。

②拉掉拉环,开始引燃发烟。

③将信号罐放进下风舷艇外水中,让其漂浮发烟。

(8)日光信号镜的使用操作(如图 1-24 所示)

在没有上述视觉信号的状况下,白天有太阳时可借助镜面反光来发出求救信号。

①操作使用时左手拿镜,光亮面对着船舶或飞机。

②镜面上观测孔放在眼前,右手拿着瞄准环,通过观测孔穿过瞄准环的孔看目标。

③使观测孔周围的十字线和同心圆的阴影正落在瞄准孔的四周,阳光即可反射到目标上。

6. 实操训练注意事项

(1)保持课堂气氛文明有序。

(2)所有器材的使用和操作应在实训指导教师的指导下进行。

(3)易燃部位的演示既要让同学看清楚,又要防止学员误动触发,保证教学设备安全。

图 1-24　日光信号镜的使用操作示意图

（4）烟火求救信号是易燃物品，要注意做好安全防范工作。

（5）不适合燃放的环境可以用实物演示或配合多媒体教学。

（6）爱护公共财物，保证器材教具正确使用，使用完毕，器材归位并做好使用记录。

知识拓展

一、救生艇具有的功能

在长期的航海实践中，人们在不断总结发生过的海难事故或可能发生的特殊情况的基础上，不断地增加救生艇应对各种困难条件的特殊功能。这些特殊功能包括：

1. 自行扶正功能

具有自行扶正功能的救生艇，在装载全部或部分乘员及属具备品，所有进出口都关闭且水密，并且所有乘员都用安全带使自己缚牢在各自的座位上时，由于各种原因致使救生艇发生了倾覆，救生艇能依靠自身的构造特点进行自动扶正。当救生艇体损坏而翻覆时，救生艇的漂浮状态能方便艇员逃出。

2. 自供气体功能

有些全封闭救生艇为适应降落要求或船舶的特殊性（如运载散发有毒蒸汽或毒气货物的化学品液货船和气体运输船），装置自供气体系统靠艇内配备的压缩空气瓶提供空气，它主要是由几个容积在 45 L 左右、压强为 20 MPa 的高压空气瓶经过集气管，再通过高压软管到达救生艇驾驶台右侧上方的压力调节器上，该调节器在救生艇配给船上使用时，已经按供气需要进行了调节。平时应该标有警示标志，不得随意调节和拨动，避免无意中做出错误的调节，满足不了应急的要求，造成更大的麻烦。如果确实需要调节，在一般的情况下，可以按照下列步骤进行：

（1）关闭出气阀。

（2）打开空气瓶开关阀。

（3）注意观察系统中供气的低压表，使用螺丝刀慢慢转动压力调节其下端附有的调节螺母，并注意使压力表的读数达到 20 hPa，即为调节好了。

当救生艇位置处在一片火海或者有严重危险气体的海面时,艇长应该打开低压放气阀,启用空气维持系统,在此段时间内,救生艇可以向上风方向行驶穿过弥漫有毒性气体的海面,加速离开有危险的区域,以确保海上求生人员的安全。

在定期检查与保养时,发现供气系统的高压表压力读数低于 19 MPa 时,则应该及时向空气瓶充气;高压表压力读数达到 20 MPa 时,就可以停止充气。

3. 耐火耐高温功能

在运载闪点(Flash point)低于 60 ℃ 货物的油船、化学品液货船或气体运输船上,救生艇的艇壳表面应由耐火材料制成,以利于在短时间内冲出 1 000~1 200 ℃ 的油火海面。同时,为了降低艇体表面或艇内温度,保障艇员在高温海面的生命安全,此类救生艇的艇外或艇内配有洒水系统。该洒水系统由海底阀、自吸式水泵、喷洒管系和喷头组成,使用海水进行喷洒降温,喷洒后可使用淡水进行冲洗,并能完全排清积水。海底阀的布置应能防止从海面吸入易燃液体。

喷水自吸式电动泵由救生艇发动机直接带动,该水泵在救生艇位于水中时,可以持续空转;但是在救生艇离水的情况下,水泵空转不允许超过 10 min。

在驾驶台顶部的喷水管系中设有淡水冲洗孔。每次喷水试验后,都必须使用淡水对整个管系进行冲洗,冲洗的时间不少于 2 min,冲洗艇所使用的淡水,可以使用软管外接淡水源(母船或陆上的)。

喷水管系中的各个喷嘴角度可以调节,必要时可以进行调节以保证喷(洒)水的防范效果。

二、救生艇的技术规范要求

为了确保海上人命安全,海船所配备的救生艇从设计、制造到装配上船,都必须经过主管机构的审核、批准、监造和试验,符合要求才可以正常使用。《SOLAS 公约》和《LSA 规则》中详细地规定了救生艇技术性能的要求,当救生艇试验合格后,在装配给海船使用时,主管机构必须为每一艘救生艇签发必要的认可证书,认可证书至少应包括:制造厂名和地址、救生艇型号、出厂号码、制造年月、救生艇额定的乘员人数,并且应清晰地标示出批准的资料、批准的文号和任何操作限制。另外,证书颁发机构还应该为救生艇提供一份批准证书,批准证书上至少应该标有如下内容:批准证书的号码、艇体结构材料(应该详细到确保在修理中不发生不兼容性的问题)、属具和载足额定乘员人员时的总重量,如果配备使用的是部分封闭、全封闭、自由降落、具有空气维持系统或者是耐火系统的救生艇,则应有相应的批准声明。

在《LSA 规则》中,对救生艇的一般要求主要有下列技术项目:

1. 稳性

(1)救生艇应合理建造,其形状及尺度比例应该使其在海浪中具有充裕的稳性(Stability),在载足全部乘员及属具后,仍须具有足够的干舷(Freeboard)。

(2)所有救生艇应该具有刚性艇体,当在平静水面处于正浮位置且载足全部乘员及属具时,水线下任何部位出现破孔,在没有失掉浮力材料及没有其他损伤时,仍能保持正稳性。

(3)当 50% 定额的乘员从正常位置移至艇中心线一侧时,所有救生艇应是稳定的,并且具有一个正的初稳性高度(GM)。

(4)在载足全部额定乘员和属具的装载状态下,当50%定额的乘员从正常位置移到艇中心线一侧时,若在舷墙(Bulwark)附近有舷侧开口,救生艇的干舷应至少为救生艇长度的1.5%或100 mm,取其大者;若在舷墙附近没有舷侧开口,救生艇的横倾角不应超过20°,且干舷应至少为救生艇长度的1.5%或100 mm,取其大者。以上干舷均为从水线量至救生艇可能浸水的最低开口处。

2. 浮性

所有救生艇都应具有固有浮力,或设有不受海水、油类或石油产品不利影响的固有浮力材料,当艇内浸水或破漏通海时,仍足以将载有全部属具的救生艇浮起。此外,对于救生艇的每位额定乘员,均应配备相当于280 N浮力的附加固有浮力材料。

3. 强度

所有救生艇都应具有足够的强度:

(1)载足全部乘员及属具后,救生艇应能安全降落水中。

(2)当船舶在静水中以5 kn航速前进时,救生艇能降落水中并被拖带。除自由降落式救生艇外,每只用吊艇索降落的救生艇都应具有足够的强度承受下列负荷,负荷卸去后艇体无剩余变形:

①对于金属艇体的救生艇,救生艇载足全部乘员及属具后的总质量的1.25倍。

②对于其他救生艇,救生艇载足全部乘员及属具后的总质量的2倍。

③除自由降落式救生艇外,每艘用吊艇索降落的救生艇应具有足够的强度,使其在载足全部乘员和属具以及在适当位置设置滑橇或护舷材(如适用)时,能经受碰撞速度至少为3.5 m/s的碰撞船舷的侧向撞击力,并能经受至少从3 m高度处投落下水。

4. 耐火性能

救生艇的艇体及刚性顶盖应是阻燃或不燃的。

5. 座位

救生艇的横坐板、长凳或固定椅应设有座位,其构造应:

(1)能支承一个相当于乘员人数的静负荷,每个人体重以100 kg计,其座位空间如图1-25所示。

(2)对于拟用吊艇索(Boat fall)降落的救生艇,能支承该艇从至少3 m高度处投入水中时,每一座位100 kg的负荷。

(3)对于自由降落的救生艇,能支承该艇从至少相当于其自由降落核准高度的1.3倍处降落时,每一座位100 kg的负荷。

6. 艇内空间

从艇底表面到超过50%艇底面积的封闭盖或顶篷内面:

(1)成员定额为9人或9人以下的救生艇,垂直距离应不少于1.3 m。

(2)成员定额为24人或24人以下的救生艇,垂直距离应不少于1.7 m。

(3)成员定额为9~24人的救生艇,垂直距离应不少于以线性内插法确定的介于1.3~1.7 m的数值。

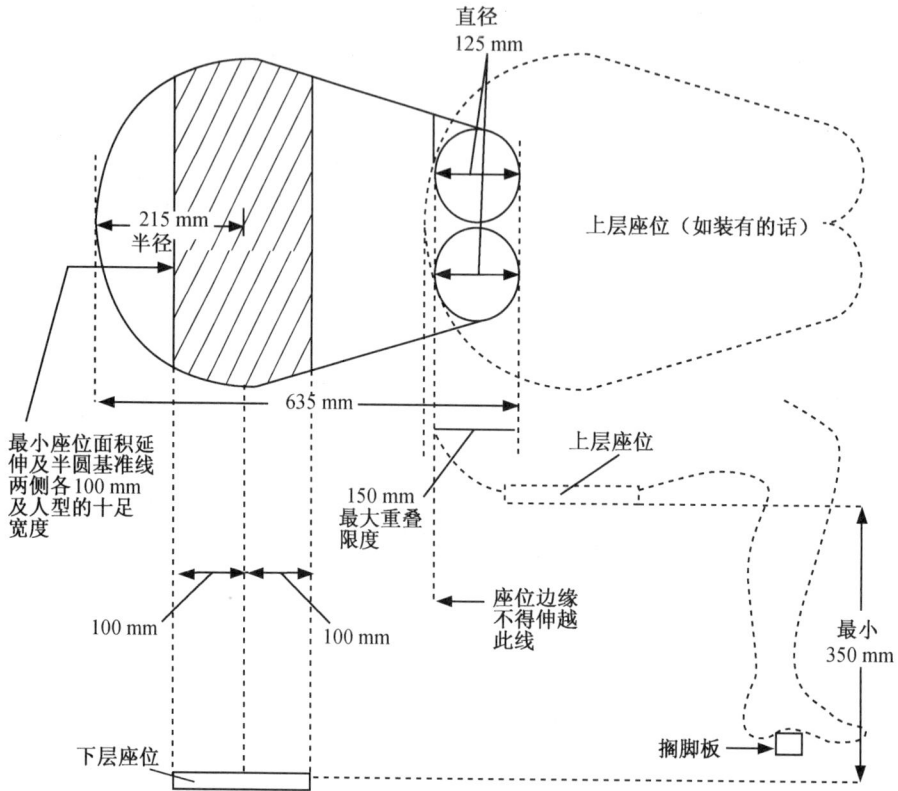

图1-25　救生艇座位布置图

7. 乘员定额要求

（1）救生艇容纳人数不得超过150人。

（2）用吊艇索降落的救生艇的乘员定额应等于下列各数中的较小者：

①以正常姿势坐着时不妨碍推进装置或任何救生艇属具操作的数目，客船每个人的平均体重为75 kg，货船为82.5 kg，全部穿着救生衣。

②按照要求提供座位数目。倘若搁脚板已固定，应有足够的腿部活动空间，而且座位上下垂直分隔不少于350 mm，并且各座位形状可以交搭。

③应在救生艇内明确地标出每个座位的位置，通常使用数字编号。

8. 进入救生艇的通道

（1）每艘客船救生艇的布置，应能使全部乘员迅速登艇，而且能迅速离艇。

（2）每艘货船救生艇的布置，应能使全部乘员在发出登艇指示时间起不超过3 min登艇完毕，并且能迅速离艇。

（3）救生艇应备有在任何一舷均可使用的登乘梯，以便水中人员能够登艇，该梯子的最下一级踏板应在救生艇轻载水线以下不小于0.4 m处。

（4）救生艇的布置，应能把失去自主能力的人员从海上或从所躺担架上抬进救生艇。

（5）人员可能行走的表面应有防滑层。

9. 救生艇的舾装件

救生艇的舾装件通常是指装配在艇上与艇连接在一起并随时可用的器材或物品。

（1）所有救生艇（自由降落式救生艇除外）应在靠近艇体内最低点处装设至少 1 只排水阀，该排水阀在救生艇离开水面时自动开启，将水从艇体内排出，并且当救生艇在水中时能自动关闭，以防止海水浸入。每个排水阀应配有 1 只关闭排水阀的盖子或塞子，以短绳、链条或其他适宜方法系于救生艇上。排水阀应位于救生艇内容易到达之处，其位置应明显标示（如图 1-26 所示）。

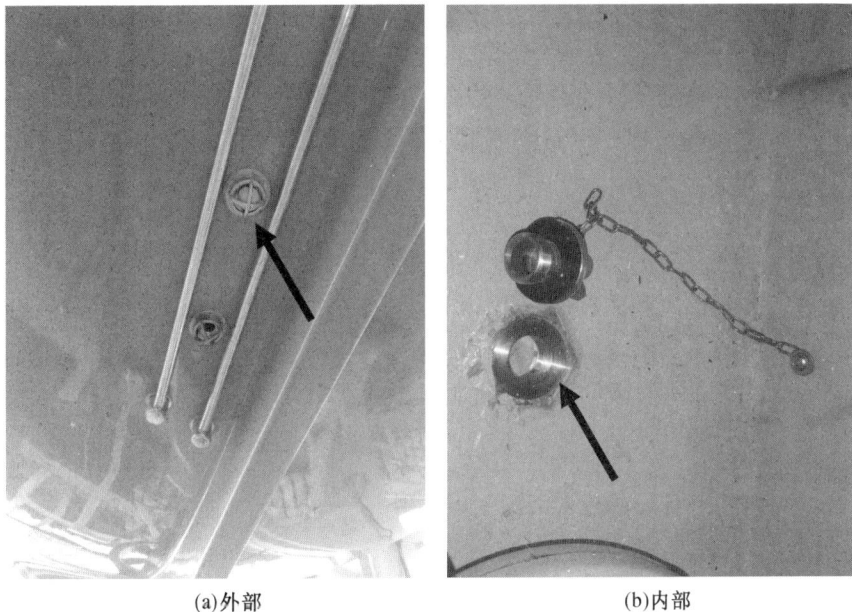

(a)外部　　　　　　　　　　　　　(b)内部

图 1-26　救生艇的排水阀与艇底塞实物图

（2）所有救生艇都应装有舵和舵柄（Tiller）。在装设操舵轮或其他遥控操舵机械装置时，舵柄应在操舵机械发生故障时仍能控制舵；舵应固定地附连在救生艇上，舵柄应固定地安装或连接在舵杆（Rudder stock）上，但如救生艇设有遥控操舵机械装置，舵柄可以是可拆的，可靠地存放在舵杆附近；舵和舵柄的布置，应不致因脱开机械装置的操作或螺旋桨的运转而遭到损坏。

（3）除在舵和螺旋桨附近部位外，应在水线以上、水中人员可到达的范围内，沿救生艇外部装设扶手或链环状可浮救生索。

（4）翻覆时不能自行扶正的救生艇，应在艇体底部装设供人员攀附救生艇的适宜扶手；扶手应固定在救生艇上，当受到足以把扶手从救生艇上打掉的冲击力时，打掉扶手而不损坏救生艇。

（5）所有救生艇应设置水密柜或舱室，供储存细小属具、水和口粮。救生艇应备有收集雨水的设施。另外如果有要求，应有设施能用人工驱动除盐器把海水生产成饮用水，该除盐器不能依靠太阳能，也不能用海水以外的化学品。应备有储存所收集到的水的设施。

10. 救生艇的脱开机械装置

每艘拟用单根或多根艇索降落的救生艇(除自由降落式救生艇外),应设置符合下列要求的脱开机械装置:

(1)该装置的布置应能同时脱开所有吊艇钩(Davit hook)。

(2)该装置应具有下列两种脱开能力:

①正常脱开能力,当救生艇浮在水面或吊艇钩无负荷时会把救生艇脱开。

②负载脱开能力,吊艇钩受负荷时会把救生艇脱开。

此脱开机械装置的布置应使救生艇在有任何负荷的情况下,从漂浮在水面上救生艇无负荷情况到相当于救生艇载足全部乘员及属具总质量的 1.1 倍的负荷情况下都能脱开。此种脱开能力应有适当的保护,以防意外或过早使用时不能脱开(适当的保护应包括不属于一般卸载脱开要求的特殊机械保护,另外还有一个危险标志)。为了防止救生艇在回收过程中的意外脱开,脱开装置的负载操作应力求操作者有一个有意的和持续的动作。脱开装置的设计应使在救生艇中的艇员在脱开装置完全、正确复位(Reset)后和准备起吊时能被清楚地看到。应提供清楚的操作须知,并有适当的文字警告标示。

(3)脱开控制手柄应有明显标志,其颜色与手柄周围颜色应有明显的差异。

(4)救生艇脱开装置固定结构连接件的设计应取安全系数等于6,按所选用材料的极限强度计算,假设救生艇的质量均匀分布在两艇索之间。

11. 救生艇的固定艏缆

每艘救生艇应在艇首设置一根固定艏缆(Painter)。当船在静水中以 5 kn 速度被拖航前进时,该装置应使救生艇不会出现不安全性和不稳定性。除了自由降落式救生艇以外,艏缆固定装置应包括一个脱开装置(如图 1-27 所示),以使船在静水中以 5 kn 速度向前航行时,艏缆能从救生艇内部脱开。

(a)锁闭　　　　　　　　(b)打开

图 1-27　救生艇的艏缆脱开装置

12. 救生艇的天线

装有一固定双向甚高频无线电话(Two-way VHF radiotelephone)设备和单独安装天线的救生艇,应该配备使天线有效地安装和固定在操作位置上的装置。

13. 救生艇的降落防护装置

沿船舷降落的救生艇应设置便于救生艇降落和防止损坏所必不可少的滑橇和护舷材料(如图 1-28 所示)。

14.救生艇的灯

救生艇应装设一盏人工控制灯。该灯应为白色,在上半球体的所有方向上的光强均不少于4.3 cd(烛光),连续运作不少于12 h。如是闪光灯,在此12 h的运作过程中,该灯以均匀的有效光强每分钟不少于50闪,也不多于70闪;救生艇内应装设一盏人工控制灯或一个光源,提供照明不少于12 h,使艇内人员能阅读救生艇须知和属具用法须知,但不准使用油灯作此用途。

图1-28　救生艇的降落防护装置实物图

15.救生艇的视域

每艘救生艇的布置应能为控制与操舵提供足够的向前、向后和向两舷的视域,以便安全地降放和操纵救生艇。

16.救生艇的标记

(1)救生艇上应以经久的明显字迹标明所批准的救生艇的乘员定额。

(2)救生艇所从属的船舶名称及船籍港应以粗体罗马字母标明于艇首两侧。

(3)识别救生艇所从属的船舶和救生艇号码的标记,应能从空中看清。

(4)救生艇存放处所,应使用IMO规定的图贴进行标识。救助艇和救生筏也对应标识。

三、救生艇的附加规范要求

在《LSA规则》中,对于一些具有特殊功能的救生艇,如部分封闭式救生艇、全封闭式救生艇等,为了确保其特殊功能的正确实施,要求此类救生艇除了满足救生艇的一般要求外,还必须满足相应的附加要求。

1.部分封闭式救生艇的附加要求

部分封闭式救生艇应满足救生艇的一般要求,除此以外还应满足如下要求:

(1)部分封闭式救生艇应装设固定附连的刚性顶盖,该顶盖从艇首延伸不少于该救生艇长度的20%,并从该救生艇最后端延伸不少于该救生艇长度的20%。该救生艇应设固定附连的可折式顶篷,可折式顶篷连同刚性顶盖形成一个能挡风雨的遮蔽,把该艇乘员完全罩住。救生艇在两端和每一侧都应有进口,当关闭时,刚性顶盖的进口应该是风雨密的。顶篷的布置应该:

①设有合适的刚性型材或条板,以撑起顶篷。

②由 1 人或 2 人即能容易地撑起顶篷。

③顶篷应采用空气间隙隔开的不少于两层的材料或其他等效设施来隔热,以保护乘员不受寒热的侵害,且应设有防止水分聚集在空气间隙内的设施。

④顶篷外面应是鲜明易见的颜色,顶篷内面的颜色不要致使乘员感到不舒适。

⑤顶篷的进口处应设有有效的可调整的关闭装置,在内外两面均能容易而迅速地开启和关闭该装置,既可通气又可防止海水、风和寒气的侵入,应设有使进口处牢牢地固定在开启和关闭位置的设施。

⑥进口关闭后,应一直有足够供乘员所需的空气进入。

⑦顶篷应有收集雨水的设施。

⑧万一救生艇翻覆时,乘员应能迅速逃出。

(2)救生艇内部应是让乘员觉得舒适明快的颜色。

(3)如果固定的甚高频双向无线电话设备装设在救生艇内,它应该安装在足以容纳该项设备和操作人员的舱室内。如救生艇的构造满足主管机关的遮蔽空间要求,则不要求安装在独立舱室内。

2. 全封闭式救生艇的附加要求

全封闭式救生艇应符合救生艇的一般要求,除此以外还应符合如下要求:

(1)封闭盖

①每一艘全封闭式救生艇都应设置完全围蔽救生艇的刚性封闭盖,封闭盖的布置应该为乘员提供遮蔽。

②由舱口提供进入救生艇的通道,舱口应可关闭以使救生艇水密。

③除自由降落式救生艇外,舱口的位置应设在无乘员离开该封闭盖的情况下能完成降落和回收操作的地方。

④通道舱口盖在内外应均能开启和关闭,并有使其牢牢地固定在开启位置的设施。

⑤除了自由降落式救生艇外,能人力划动救生艇。

⑥当救生艇处于翻覆位置,舱口关闭且无明显漏水时,能支持救生艇的全部质量,包括全部属具、机械和全部乘员。

⑦封闭盖的两舷应设有窗口或半透明板,使足够的日光射进舱口关闭的救生艇内部而不必采用人工照明。

⑧封闭盖外面应是鲜明易见的颜色,而内部的颜色应不能使乘员感到不舒适。

⑨应设有扶手供在救生艇外部活动的人员使用,并帮助登艇和离艇。

⑩人员从进口处无须跨过横座板或其他障碍物而到达他们的座位。

(2)翻覆与扶正

①除了自由降落式救生艇外,每个标明的座位处均应设有一根安全带。安全带的设计应在救生艇处于翻覆位置时能将体重为 100 kg 的人员牢固地缚在原处。座位上每一套安全带的颜色应和相邻座位上带子的颜色有明显的区别。

②救生艇的稳性,应是在装载全部或部分成员及属具、所有进口和开口都是水密关闭而且所有乘员都用安全带缚牢时,能自然或自动地进行扶正。

③救生艇在水线下任何部位破孔,假设没有缺失浮力材料及没有其他损伤时,应能支持其全部乘员及属具。如救生艇万一翻覆时,应使救生艇自动地处于为乘员提供在水面上逃生的位置。当救生艇处于稳定的浸没状态下,救生艇内的水平面沿着椅背测量不应超出在任何乘员所坐位置的座板以上 500 mm。

④所有发动机排气管、空气管和其他开口,在设计上应做到在救生艇翻覆和扶正时,海水不会进入发动机。

(3)加速度保护

全封闭式救生艇除了安装自由降落式救生艇之外的结构和护舷材,应保证救生艇在载足全部乘员及属具后以不少于 3.5 m/s 的碰撞速度碰撞船舷时,提供免受由于救生艇碰撞而产生的有害加速度的影响的保护措施。

3. 自由降落式救生艇的附加要求

自由降落式救生艇(Free fall life-boat)应符合全封闭式救生艇的要求,除此以外,还应符合如下要求:

(1)自由降落式救生艇的承载能力

自由降落式救生艇的承载能力是指配有座位而不影响推进或任何救生艇属具操作的成员数量。座位的宽度至少为 430 mm,座位靠背前面的空隙至少为 635 mm,座位靠背应高出座板至少 1 000 mm。

(2)性能要求

①自由降落式救生艇在下列情况下,从核准高度自由降落入水后,能立即向艇首方向前进,并且不与船舶发生碰撞:

a. 载足全部属具和全部艇员;

b. 载有乘员并使艇的重心移至最前方位置;

c. 载有乘员并使艇的重心移至最后方位置;

d. 只有操作人员,且船舶纵倾至 10°,并向任一舷横倾至 20°。

②最终横倾角大于 20°的油船、化学品液货船和气体运输船,救生艇应能在最终横倾角内自由降落,该最终横倾角以最终水线为依据。

③所需要的自由降落高度绝不应超过自由降落核准高度。

(3)结构

每艘自由降落式救生艇应有足够的强度以承受当自由降落式救生艇载足全部乘员和属具时,从自由降落核准高度至少 1.3 倍的高度处自由降落所受的冲击。

(4)有害加速度的保护

自由降落式救生艇的结构应对艇切实保护,使其在载足所有属具及全部乘员,载有乘员并使艇的重心移至最前方,载有乘员并使艇的重心移至最后方,只有操作人员,但船舶在不利的条件下纵倾到 10°,并向任一舷横倾到 20°,从核准高度降落到平静水面时,能免受降落所产生的有害加速度的影响。

(5)舾装件

每艘自由降落式救生艇均应装设一脱开系统,该系统的描述如下:

①应具有两个独立的,只能从救生艇内部操作的,脱开装置的独立激活系统,并且标

有明显的与周围不同的颜色。

②应布置成在从无载状态到至少200%救生艇正常负载之间的任何情况下都能脱开的救生艇。救生艇正常负载是指载足全部属具和额定乘员的救生艇负载。

③应足以保护意外的或过早的使用。

④它的设计应使其在试验脱开系统时不用降放救生艇。

⑤其设计应取安全系数等于6,按所选用材料的极限强度计算。

⑥自由降落式救生艇的批准证书(Approval certificate),还应额外写明:

a. 自由降落核准高度;

b. 要求的降落滑道长度;

c. 自由降落核准高度的降落滑道角度。

四、具有空气维持系统的救生艇的附加要求

具有空气维持系统的救生艇,应该符合全封闭式救生艇和自由降落式救生艇的适用要求,除此以外,在布置上还应该做到在救生艇全部进口和开口均关闭的情况下航行时,救生艇内的空气保持安全和适宜于呼吸,而且发动机正常运转时间不少于10 min。在此期间,救生艇内的气压应不得降到低于艇外大气压,也不得超过艇外大气压20 hPa。该系统应有视觉指示器,无论何时均可指示供气压力。

五、耐火救生艇的附加要求

耐火救生艇应该符合具有空气维持系统的救生艇的要求,除此以外,当耐火救生艇在水面经受持续油火包围时,能保护其额定乘员的时间应该不少于8 min。装有喷水防火系统的救生艇应符合下列要求:

(1)用自吸式马达泵从海里抽水为该系统供水,该系统应该能够"开启"和"关闭"洒到救生艇外面的水流。

(2)海水吸入口的布置应能防止从海面吸入易燃液体。

(3)该系统布置应能用淡水冲洗,并能完全排清积水。

六、救助艇的基本要求

《SOLAS公约》对船舶配备救助艇的一般要求中,特别强调救助艇在构造上应该符合对救生艇的要求,同时在救助艇的舾装件配置、吊艇索的脱钩装置、艇的标记等部分都要求要符合对救生艇的等同要求。除了上述要求外,特别强调下述要求:

(1)主管机关允许配置在船舶上的救助艇的长度应该不小于3.8 m,不大于8.5 m。

(2)乘员定额至少能搭载5个座位人员和1个躺位的人员。

(3)救助艇除了有足够的舷弧外,还应该设有延伸不少于15%艇长度的艇首盖。

(4)救助艇航速应该不小于6 kn,并能以此航速持续航行不少于4 h。

(5)救助艇在海浪中应该具有足够的机动性和操纵性,以便于能够从水中拯救人员,集结救生艇筏,并能以至少2 kn的航速拖带本船舶配备的一个最大的载足全部乘员和属具的救生筏。

(6)救助艇可以装设舷内发动机或舷外发动机。如果装设舷外发动机,舵与舵柄可以是该机的组成部分。

（7）救助艇可以装设具有认可燃油系统的汽油驱动的舷外发动机,但燃油柜应有特殊的防火和防爆保护。

（8）救助艇应该安装固定的拖带装置,其强度应该足够拖带本船舶所配备的最大的载足全部乘员和属具的救生筏,并能以不小于 2 kn 的速度航行。

（9）除钩篙外其他属具应该固定或装进舱柜存放,应配备足够数量的可浮桨或手划桨。

（10）充气式救助艇应该有足够的强度和刚性,使其在装载全部乘员和属具后能降落和回收。

（11）充气式救助艇在环境温度为 17~23 ℃ 时,在不使用安全阀的情况下能承受其全部承载质量的 4 倍负荷。

（12）充气式救助艇在环境温度为 -30 ℃ 时,在使用所有安全阀的情况下能承受其全部承载质量的 1.1 倍负荷。

（13）充气式救助艇的构造应该能在海上被存放在开敞甲板上,并且能在一切海况下暴露漂浮 30 天。

（14）充气式救助艇除了标有所属船名、船籍港、乘员定额,艇的规格、编号外,还应标明制造厂名、出厂号码、商标、制造日期。

（15）充气式救助艇的浮力应该由至少 5 个体积大致相等的独立隔舱分隔的单独浮力胎或 2 个均不超过总体积 60% 的独立浮力胎提供。

（16）充气式救助艇浮力胎的布置应该在任何一个隔舱损坏时,其余的隔舱应该仍能支撑全部额定乘员和属具浮于水上,而且救助艇四周都存在干舷。

（17）充气式救助艇浮力胎充足气后应能为每个额定乘员提供不少于 0.17 m³ 的体积。

（18）充气式救助艇浮力舱应该设有一个供人力充气用的止回阀和放气设备,还应该设有一个安全释放阀。

（19）充气式救助艇的艇底部外面容易受损害的部位应装设主管机关同意的防擦板。

（20）充气式救助艇如果装有艇尾板,该板嵌入救助艇的长度不应该超过其总长的 20%。

（21）充气式救助艇在船上应该始终维持充满气状态。

七、救生筏的规范要求

为了确保海上人命安全,并在应急时能安全顺利地操作使用救生筏,《SOLAS 公约》及《LSA 规则》都对救生筏提出了详细的技术性能要求。

1. 救生筏的一般要求

（1）救生筏在构造上,应该能够经受在一切海况下暴露漂浮 30 天。

（2）救生筏及其属具在从 18 m 高处投放入水后,能够安全正常地使用。

（3）救生筏体漂浮在水上,能够经受从筏底以上至少 4.5 m 高度反复蹬踏不损坏,且不影响正常使用。

（4）救生筏载足全部乘员和属具并释放一只海锚,能在静水中以 3 kn 航速被拖带,不致损坏。

（5）救生筏应该设有在降落水面时能自动撑起的顶篷，以保护乘员免受暴露的伤害。

①顶篷内部的颜色应该使乘员感到舒适。

②顶篷应该能够防水、隔热和御寒。

③容纳 8 人以上的救生筏应该至少设有两个进出口。

④进出口应能使穿着救生衣的人员从内、外两面迅速开启，从内部关闭。

⑤即使关闭进出口，救生筏也应该便于通气，并且能防止海水和冷空气的进入。

⑥应该至少设有一个瞭望窗，设有收集雨水的设施，有离水面 1 m 以上安装雷达应答器的设施。

（6）救生筏的额定乘员不得少于 6 人，不超过 25 人。

（7）救生筏体、属具备品和容器的总质量不得超过 185 kg。

（8）救生筏的舾装件应该：

①沿救生筏的筏体内、外两侧应牢固地装设链环状扶手索。

②设有一根艏缆，其长度应该是 10 m 加上从存放处到船舶最轻载水线的高度，或 15 m，取大者。

③对额定乘员为 9~25 人的筏，艏缆与救生筏的连接及其破断强度不少于 10 kN。

④筏顶篷上的内、外部位，应该设有一个人工控制灯，其灯光应为白色，能持续照明 12 h。当顶篷竖起时，灯能自动点亮。

（9）吊放式救生筏在满载乘员和属具后，能够承受不少于 3.5 m/s 速度的侧向撞击力；能至少从 3 m 高处投落于水中不损坏，不影响正常使用。

（10）抛投式救生筏要设有与登乘甲板紧密贴靠并能系留的设施，以便于乘员能迅速安全地登上救生筏。

（11）船配置的吊架降放的救生筏，在弃船信号发出后 3 min 内，能使全部乘员登上救生筏；客船上人员能迅速地登上救生筏。

（12）如果盛装属具备品的容器不是筏的整体部分，其容器在盛满备品的状态下，在水面漂浮不少于 30 min，并且内存属具不致损坏。

（13）救生筏应设有自由漂浮装置（自由漂浮装置包括静水压力释放器、薄弱环、艏缆系统等）。

2. 气胀式救生筏的要求

气胀式救生筏除了要符合救生筏的一般要求外，《LSA 规则》还针对气胀式救生筏的特点提出了具体要求。

（1）主体浮力舱应该至少设有两个独立的隔舱，其中任意一个舱破漏，救生筏仍然能浮于水上，而且筏体四周干舷都应该是正值。

（2）筏底是水密的，可以由乘员直接向筏底充气或放气，并且能够充分地隔热以御寒冷。

（3）筏体应该由一个人操作就能够使其充胀成型，当满载乘员和属具时不变形。

（4）在环境温度为 18~20 ℃时，充气成型时间不超过 1 min；在-30 ℃时，充气成型时间不超过 3 min；并且设有安全阀防止压力增大，配有充气器以保持筏体的工作状态。

（5）气胀式救生筏成员定额的确定，应该取下列计算方式所得的较小数：

①充气后,主浮胎的容量(m^3)除以 0.096 所得最大整数。

②筏内的水平横剖面面积[量至浮胎的最内边(m^2)]除以 0.372 所得最大整数。

(6)气胀式救生筏的出入口应该设有:

①至少有一个入口设有登筏踏板,踏板应能支撑重量 100 kg 的人员,以便于人员能从海面登上救生筏。踏板的损坏不影响筏体的正常使用。

②未设踏板的应备有登筏梯,其最下一级踏板应位于筏的最小水线以下不小于 0.4 m 处。

③筏内应设有帮助水中人员将其从登筏梯拉入筏内的设施。

(7)气胀式救生筏的稳性应该达到的标准是:

①救生筏倾覆后,能由一个人扶正。

②救生筏充胀成型后在水面漂浮时,在风浪中应当稳定。

③满载时应该能以 3 kn 航速被拖带。

(8)气胀式救生筏底部的周围应该对称地设有颜色明显易见的水袋,水袋的构造应该能在其布放 25 s 内,充装其容积的 60%的水。

(9)气胀式救生筏的筏体上应该标明:所属船舶的船名、船籍港、所属船舶的识别号、在进口处应用明显易见的颜色标明成员定额(字高不小于 100 mm)、制造厂商、商标、出厂号码、制造日期(年月)、检验机关名称、最近一次检修的地点和检修站名称。

(10)盛装气胀式救生筏筏体及属具备品的容器,应该能在海上各种条件下经久耐用,并且有充裕的固有浮力。在装有筏体和属具时,船舶沉没以后,能从内部拉动充气装置充胀成型。筏体在容器内的叠装,应该能确保筏体在充胀成型时,处于正浮位置。除容器底部的泄水孔外,应该结合实际来保证水密。容器上应该标明:制造厂名、商标、检验机关名称、乘员定额、《SOLAS 公约》的相关要求、内装应急袋的型号、艏缆的长度、最大允许存放高度、最近检修日期、降放须知。

(11)吊架降落的气胀式救生筏除了符合气胀式救生筏的要求外,还应该使用经主管机关认可的降落设备。当救生筏悬挂在吊钩和进行吊放时,应该至少能够承受下列负荷:

①在环境和救生筏的温度稳定在 17~23 ℃,关闭全部安全阀的状态下,承受 4 倍的全部乘员和属具的质量。

②在环境和救生筏的温度稳定在-30 ℃,打开全部安全阀的状态下,承受 1.1 倍的全部乘员和属具的质量。

课后思考

1. 救生艇的种类有哪些?试述各自特点。

2. 全封闭式救生艇具有哪些特殊功能?

3. 自由降落式救生艇的舾装件有哪些要求?

4. 救生艇的标志有哪些要求?

5. 救助艇的功能是什么?充气式救助艇在标记上有哪些要求?

6. 救生筏的种类有哪些?气胀式救生筏的基本结构有哪些?试述其功能。

7. 救生艇、救助艇、救生筏的属具备品主要包括哪些？其区别是什么？

8. 救生艇筏在船上是如何配备的？

项目资源

资源类别	资源编号/名称	资源描述	二维码
视频	VD1-1 救生艇的构造和功能	6分45秒	
	VD1-2 气胀式救生筏的构造及功能	18分19秒	
	VD1-3 救生艇的属具和备品	5分26秒	
	VD1-4 艇筏无线电救生设备介绍	9分31秒	
	VD1-5 求救视听觉信号	4分21秒	

续表

资源类别	资源编号/名称	资源描述	二维码
章节练习	1. 救生艇筏和救助艇的结构和属具	共50题,每题2分,60分合格,30 min 内完成	
	2. 救生艇筏和救助艇的特性和设施	共50题,每题2分,60分合格,30 min 内完成	
	3. 救生艇筏和救助艇的存放及降放装置	共50题,每题2分,60分合格,30 min 内完成	
	4. 救生艇筏的降放与回收、离船行动及日常维修和保养	共50题,每题2分,60分合格,30 min 内完成	
阶段模拟测试	救生艇筏、救助艇的基本知识章节测试	共50题,每题2分,60分合格,30 min 内完成	

项目二　救生艇筏的降放与回收

项目描述

当船舶遇险时,船员对设备技术性能的掌握程度和操作的熟练程度对能否顺利放下救生艇起着决定性作用。因此,要求广大船员了解和熟悉救生艇、救助艇的降落与回收装置的性能,掌握其操作技能。降放装置是指将救生艇筏、救助艇从其存放位置安全地转移到水上的设施。救生艇的降放装置平时用来存放救生艇,当船舶发生海难事故时,是用来紧急降放救生艇的专用应急设备。另外,它还具有回收救生艇的功能。

一、知识要求

(1)了解各类救生艇筏的降放装置及结构特点。

(2)熟悉救生艇筏降放装置的主要设备与配件。

(3)熟悉救生艇筏的登乘设备和登乘秩序。

(4)熟悉和理解国际公约、规则和国内法规对救生艇筏降放装置的一般要求和附加要求。

二、技能要求

(1)通过学习和训练能够正确降放和回收救生艇。

(2)熟悉气胀式救生筏的降放及静水压力释放器的正确操作。

三、素质要求

(1)要具备良好的安全意识、安全行为,应急应变基本素质。

(2)要具备良好的团队合作精神。

项目实施

任务一　救生艇和救助艇的降放与回收

一、相关知识

(一)救生艇降放装置和结构特点

就目前而言,绝大多数救生艇的存放装置就是其降放装置。救生艇的降放装置习惯上称吊艇架,由于艇的存放和降放始终受到专业人员的关注,吊艇架是在不断地改进、提高和完善中发展的。

目前,海船救生艇配备使用的吊艇架,都要符合《SOLAS 公约》的要求。海船上通常所用的吊艇架,按照降放的形式分类主要有两种:

1. 重力式吊艇架

按《LSA 规则》要求,除了自由降落式救生艇的辅助降放装置以外,救生艇的降落设备都必须依靠重力使救生艇降落水面。每艘救生艇配备一副吊艇架,重力式吊艇架通常安装在船舶的两舷。在客船和货船上的救生艇都要求配备重力式吊艇架。

重力式吊艇架在结构上主要由两部分组成:一部分是吊艇架,主要担负悬吊救生艇和吊艇架的起落、安放,吊艇架有的是滑架式,有的是吊杆倾倒式;另一部分是吊艇架的底座,底座固定在船体的救生艇甲板上。底座与活动的吊艇架用铰接相连,在日常救生艇处于存放状态时,用安装在底座上的安全栓(安全销)来固定吊艇架。在进行救生艇的降放操作时,打开底座上前后两个安全栓,解脱其他固定艇的索具,松开吊艇机的制动器,吊艇架带动着救生艇借助本身的重力滑出或倾倒出舷外,然后直至降落水面(如图 2-1 所示)。重力式吊艇架主要工作形式分别为滑轨式、叉型支撑式(倒臂式)和直杆式(如图 2-2 所示)。

2. 自由降落式救生艇及降放装置

自由降落式救生艇及降放装置是在 20 世纪 70 年代中期,由挪威一家船舶研究所和航运公司研究制造的。其研发的目的是改变救生艇在船存放的现状,进一步加快救生艇脱离难船的时间。自由降落式救生艇及降放装置在船上使用后,立即得到国际海事组织(IMO)的认可,并在《SOLAS 公约》中,提出了自由降落式救生艇及降放装置的具体技术性能的要求,在船上进行了普遍的配备。

除了重力式吊艇架、自由降落艇的降放装置外,在海上作业平台上还可以看到一些框架式、倒架式吊艇架。

止荡索

收紧索

登乘甲板

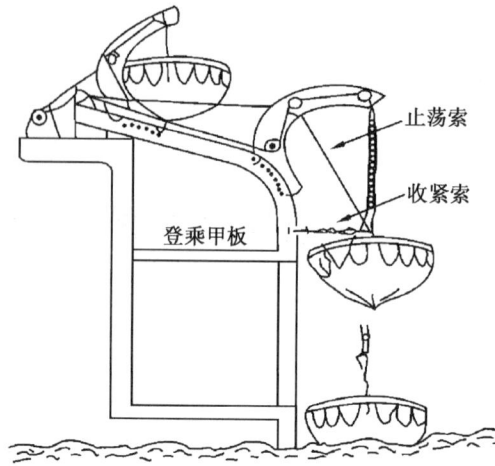

图 2-1　重力式救生艇释放示意图

吊艇滑架

底座架

(a)滑轨式　　　　　　(b)叉形支撑式　　　　　(c)直杆式

图 2-2　重力式吊艇架的型式

(二)救生艇降放装置的主要设备与构件

1.重力式救生(助)艇降放装置的主要设备与构件

救生艇的重力式降放装置除了吊艇架、底座外,还有一些附属设施和配件,以便于安全、迅速、顺利地进行艇的收放操作。

(1)吊艇机

吊艇机(Life-boat handling winch)是降放装置的动力设备,主要作用是回收救生艇、救助艇。另外,通过调速制动器,其还起着救生艇、救助艇在降放时控制下降速度的作用。在现代船舶上回收救生艇、救助艇的主要动力源有两种:一种是机械动力源,包括电源和压缩空气;另外一种是人力操作。依靠着吊艇机的动力,可以将载有乘员的艇从水面直接收回到存放的位置。当吊艇架被收回到距离存放合适的位置大约有 30 cm 时,吊艇架上设有的限位器将切断动力开关,防止吊艇索和吊艇架过度受力,损坏器材和设备。另外,吊艇机上还设有人力手动回收装置,可以借助人力将艇绞收回存放的合适位置。

当吊艇机失去机械动力源时,可以利用人工操作将载有艇员的艇从水面绞收回存放的合适位置。吊艇机的电动机带动滚筒控制吊艇索进行艇的回收操作,要求吊艇索在滚筒绞收时,一股挨着一股,整齐地排列在滚筒上,一层排满后,再排另一层,不可以跨层排列,因此,导向滑车距离滚筒至少 2 m,以保证吊艇索有序地缠绕在滚筒上。吊艇索整齐地排列在滚筒上,也避免了艇在降放操作时,被缠绕的吊艇索阻止下降。

(2)遥控降放装置

在全封闭式救生艇配备的重力式吊艇架的吊艇机上安装了遥控降放装置(Remote lowering device),该遥控装置就是一根通过滑车的细钢丝,用以控制吊艇机制动装置的设施。遥控钢丝通过导向小滑车把钢丝的另一端直接引导至全封闭式救生艇内。在进行全封闭式救生艇的降放操作时,打开吊艇架的保险栓和其他索具后,全体人员都进入救生艇内,在艇内直接拉动遥控降放钢丝的末端,就可以将救生艇直接降放到水面。遥控降放装置缩短了救生艇降放的时间,保证了全体人员能及时撤离难船。

(3)稳索、止荡索

在吊艇架上附设有不少的索具,当救生艇、救助艇处于存放状态时,能够防止由于船舶摇摆而使艇晃动的索具叫作稳索(Boat guy),也称为固艇索。船舶在航行时,如果不能够将艇很好地固定在吊艇架上,会造成艇的损坏,艇随着船舶的摇摆而剧烈地晃动,严重时也会造成船舶的倾覆。因此,救生艇、救助艇处于存放位置时,一定要系牢、固定好,避免发生意外。

止荡索(Stop swinging rope)是在救生艇、救助艇进行降放操作时,为了防止艇摇晃而与船舷产生碰撞所设立的索具。由于止荡索具有固定的长度,设立在吊艇架与艇的首尾吊艇钩附近,因此,当艇降放至船舷外与登乘甲板(救生艇甲板)平行时,由于止荡索的存在,将艇与登乘甲板之间的距离缩短为最小,如果再继续降放,由于止荡索的长度有限,将会导致艇向外倾覆,所以又称止荡索为限位索。另外,当大风浪降放救生艇、救助艇时,在艇的降放过程中为了降低艇的晃荡程度,减轻艇与船舷的碰撞,在两根吊艇索的外围加围一根绳索,用力收拢,也可以控制吊艇索的晃荡。

(4)吊艇滑车、吊艇索

为了改变吊艇索的受力方向和节省吊艇索的受力,在吊艇索的串引过程中配备了许多滑车,称为吊艇滑车(Boat block)。吊艇滑车是吊艇索与救生艇相连的必需的专用设备。吊艇索应该是不扭转的、柔软的并有足够韧性的防锈蚀钢丝绳,其长度应该在船舶最轻载水线并向任何一舷横倾(List)20°时,能够将艇降放至水面。

2. 自由降落式救生艇降放装置的主要设备与构件

自由降落式救生艇的降放装置安装于船舶的尾部,平时存放自由降落式救生艇,应急时,用于进行艇的降放或回收操作。降放装置的技术性能应该符合《SOLAS 公约》和《LSA 规则》的要求,同时符合我国《海船救生设备配备规范》的规定。

(1)自由降落式救生艇降放装置的结构

自由降落式救生艇降放装置的不少构件名称与以往的普通救生艇不一样,自由降落式救生艇的降放装置主要由两大部分组成:一是吊艇架及其附属设施;二是吊艇机及其附属设施。自由降落式救生艇降放装置的各部位结构名称,如图 2-3 所示。

(2)吊艇架及其附属设施的作用

吊艇架由吊艇臂、横担(横梁)、滑道、压艇装置、释放钩固定装置、挂艇装置及其附属构件组成,其结构简单明了,便于操作,适于检查、维护和试验。

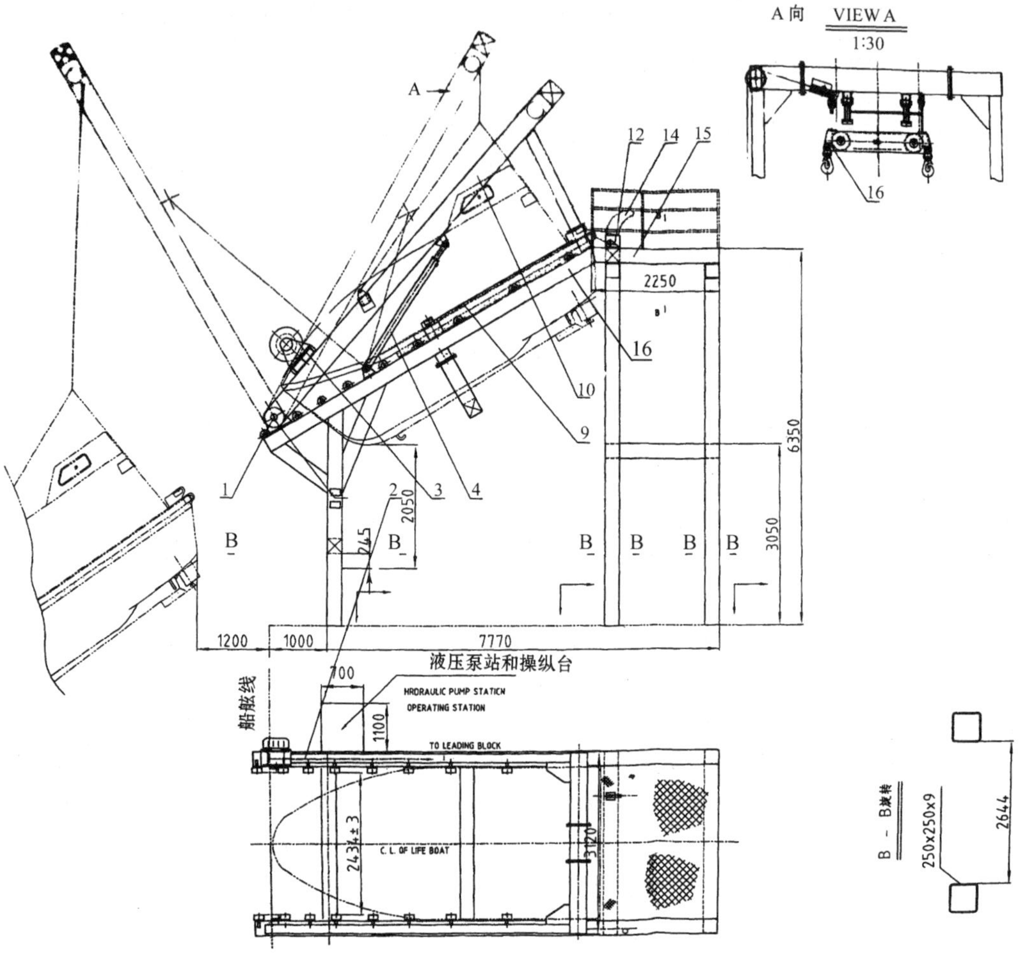

图 2-3　自由降落式救生艇降放装置的各部位结构名称

1—转动轴装置;2—转动滑车及吊艇索装置;3—液压绞车;4—管系布置图;9—压艇装置;10—吊艇臂;12—挂艇装置;14—释放钩固定装置;15—登艇平台;16—滑道

①吊艇臂

吊艇臂(Davit arm)是门字形框架式起重臂,高 7～8 m。吊艇臂的框架底座下倾 30°左右,吊艇臂与其框架底座下端的可转动滚轴铰接,使吊臂可以上下起伏,主要作用是利用吊艇机收、放救生艇时,借助吊臂的起伏,使救生艇收进或降放出吊艇架。吊艇臂的起伏动力是由操纵液压控制的顶柱来提供的。

②横担(横梁)

在吊臂的顶端设有两个滑车,由吊艇索通过滑车连接横担(Traverse)(横梁),使横担的两边正好在吊臂框架内的范围里,横担左右两端各连接一个带有转环的吊钩,吊钩挂在自由降落式救生艇左右吊艇索的吊环上。其主要作用是在吊艇机收进(降放)救生艇时,能使艇平稳地绞起并且不旋转。横担位置的限定,使吊起的艇在吊艇臂绞起和放下时,能稳定地进入到门字形框架,既不碰撞框架及其他设施,又能平稳地落入座架的滑道

（Ramp）上。

③滑道

自由降落式救生艇降放装置的滑道是指装设在吊艇架底座上下倾 30°的座架上的滑轮。滑轮镶装在吊艇架底座的两边内侧,左右两侧各设约 9 个不等距的橡胶制滑轮,自由降落式救生艇左右两舷的滑道落座在这些滚轮上。艇首部的轮子间距相对小一些,艇尾部的滑轮间距相对大一些,其主要作用是减少救生艇在自由降落降放时向下滑出时的阻力,并具有引导下滑方向的作用。滑轮镶装的位置和方法又使滑道具有局部定位的作用,以达到船舶在不利纵倾(Trim)达 10°并向任一舷横倾 20°时救生艇能顺利降放,并且能够朝着难船船尾的方向驶离。

④压艇装置

对于自由降落式救生艇,压艇装置的主要作用是固定救生艇,以避免船舶在大风浪海况航行时救生艇在吊艇架滑道上频繁地发生移动和跳动,撞击吊艇架,甚至跳出滑道。它相当于重力式吊艇架上的固艇索,所以压艇装置的英文名又称 Lashing plate、Lashing unit 或是 Jump stopper。压艇装置不得影响救生艇正常的自由落水,所以该压艇装置在正常安装情况下,不是紧密压住救生艇艇体的,在使用吊艇架吊放救生艇时能够轻松的被解脱。

目前,常见的自由降落式救生艇吊艇架上的压艇装置有两种形式,分别为:压板式和重锤倒钩式。

压板式:常见有两种,一种是设置在吊艇架两条滑道上,该装置由压板座架及附属构件组成,压板安装在座架上,设有复位弹簧,压板的一端通过细钢索、转向滑轮、拉环,与静水压力释放器相连。拉紧压板时,压板与救生艇首尾向垂直,压紧救生艇,松开钢索时,压板由复位弹簧作用使其自动松开[如图 2-4(a)所示]。另一种是设置在救生艇艇尾,左右压板直接由松紧螺旋扣和钢索相连,通过松紧螺旋扣进行松开和收紧[如图 2-4(b)所示]。

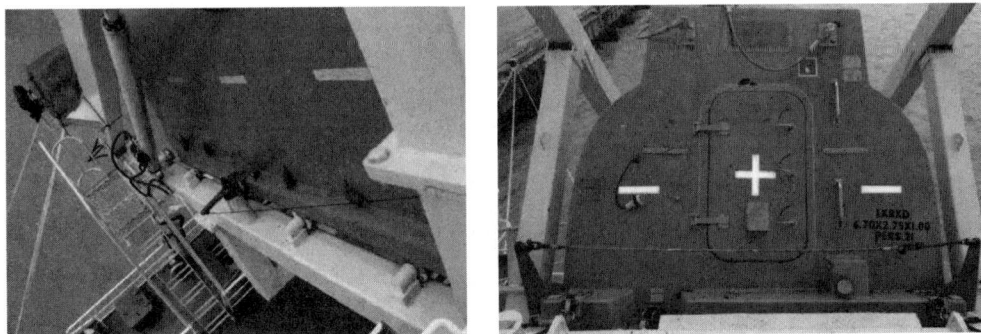

(a)　　　　　　　　　　　　　　(b)

图 2-4　压板式压艇装置实物图

重锤倒钩式:在吊艇架滑道下部横梁上设置有一只重锤式倒钩,通过细钢索、转向滑轮、松紧螺丝扣、拉环,与静水压力释放器相连。拉紧重锤倒钩钩住救生艇艇底钩,松开钢索时,重锤在其自重的作用下倒钩转动而脱开艇底钩(如图 2-5 所示)。

需要说明的是,压艇装置设置的静水压力释放器通常固定在吊臂靠近救生艇尾部的

图 2-5　重锤倒钩式压艇装置实物图

支架上,以便于当船舶下沉速度太快,没有来得及降放救生艇时,借助于静水压力释放器的作用,解脱压艇装置,从而保证救生艇实现自由漂浮释放。

⑤释放钩固定装置

释放钩固定装置(Gripping)(如图 2-6 所示)安装在人员登艇的集结甲板上,与自由降落式救生艇艇尾的释放钩相连接。在集结甲板上设有一个有一定弧度的座板,座板上连接着一短段链环与救生艇钩相连接,便于平时固定救生艇,防止其沿滑道下滑。应急时在艇内也能够方便解脱操作。

图 2-6　释放钩固定装置实物图

⑥挂艇装置

两根挂艇装置(如图2-7所示)安装在艇员集结的平台上,在与救生艇艇尾挂艇眼板相对应的位置上,也设立一个连接卸扣的眼板,可以用钢丝绳及专用绳索连接艇与甲板平台上的挂艇装置,其主要作用是在做演习训练时,可以进行脱钩的释放操作。救生艇能下滑一段距离,但不能落入水中。在船舶正常航行时,挂艇装置绝不可以与救生艇相连接。演习操作前,由专人负责连接好挂艇装置。演习完后立即解脱,绝不可疏忽,避免发生应急时救生艇不能释放入水的事故。

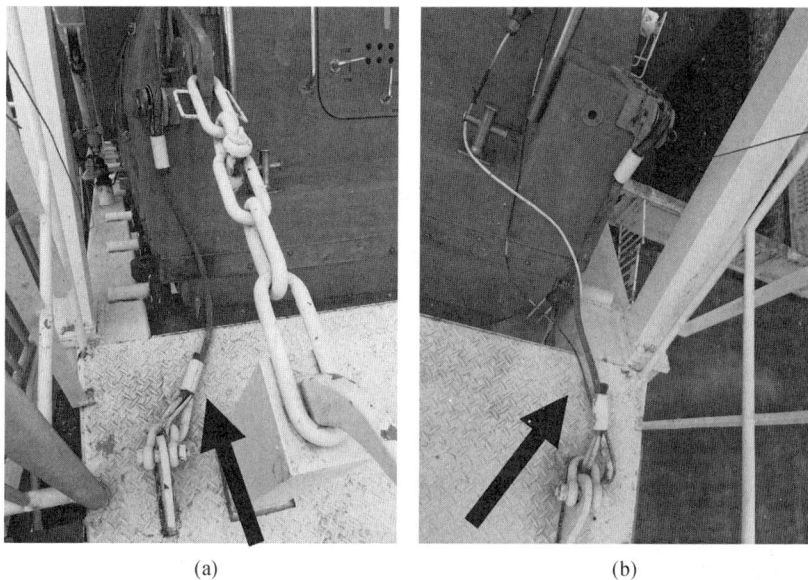

(a)　　　　　　　　　　　(b)

图2-7　挂艇装置

(3)吊艇机及其附属设施

吊艇机及其附属设施是自由降落式救生艇降放和回收装置的动力部分,主要设备及属具由电动机、高压油泵及其管路、吊艇索导向滑车及其吊艇索滚筒组成。

①电动机

电动机是船用三相异步电动机,为全封闭、自扇冷式、笼型电动机,用于驱动船上各种机械、液压机械、泵类等辅助设备,电源为380 V/50 Hz,最大工作负荷约为55 kN,最大起升负荷约为42 kN。

②高压油泵及其管路

吊艇机的液压泵站由电动机驱动,通过能够抵抗一定压力的管路连接在整个系统中,各接口油口采用有效的密封件密封,整个系统工作压力为15.5 MPa,液压泵站油箱存油量为140 L。

③吊艇索导向滑车及吊艇索滚筒

吊艇索通常采用18×19-20-1670规格的不旋转钢丝绳[表示有18股,每股19根细丝,直径20 mm,钢丝抗拉强力为1 670 N/ mm²(170 kg/ mm²)],吊艇机配备的滑车大多数是固定转角滑车,主要是为了导向或减少磨擦。

由于吊艇设备只配备了一根吊艇索,所以需要配备一个吊艇索滚筒,并且要求吊艇索在滚筒上整齐地排列,不可以无序挤压。

(三)救助艇的降放装置

目前,很多货船上使用一艘救生艇兼作救助艇,其降放装置就是该救生艇的降放装置。备有专用救助艇的,其降放装置往往采用单臂吊。

救助艇的重力式吊艇架与救生艇重力式吊艇架在结构上、操作上都基本相似。在这里,简单介绍救助艇的单臂悬吊式降放装置的结构及作用。

单臂悬吊式降放装置部分结构名称如图2-8所示,主要构件的作用具体如下:

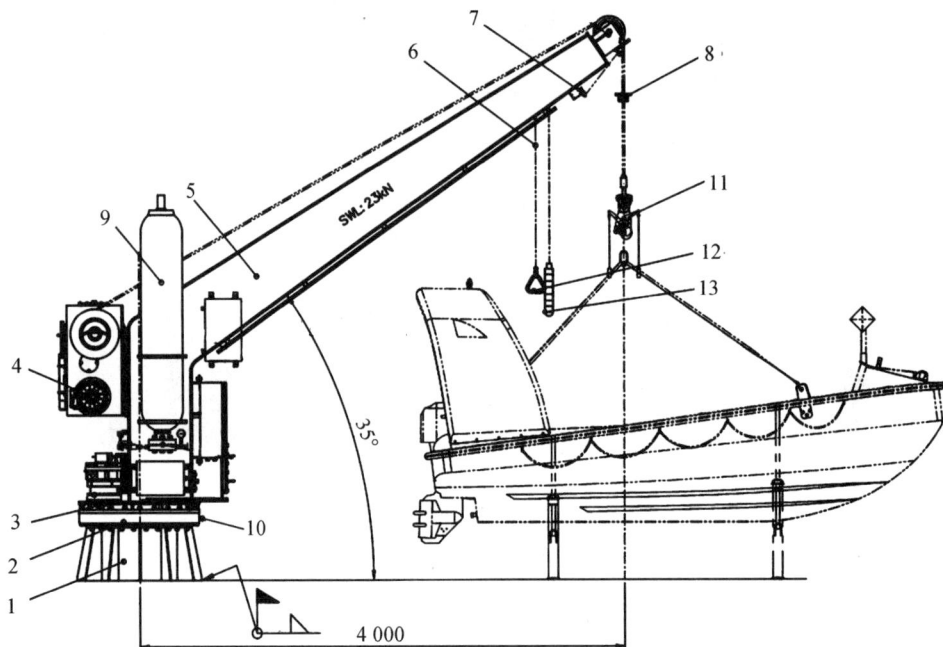

图2-8 单臂悬吊式降放装置部分结构名称

1—底座;2—回旋支撑;3—回转盘;4—起吊机构;5—起重臂;6—遥控装置;7—起升限位装置;8—挡块;9—蓄能器装置;10—回转限位装置;11—手自一体钩;12—回转遥控装置;13—下降遥控装置

(1)起重臂(Jib),降放装置主要负重的结构设施,依靠起重臂的转进或转出,可以将救助艇转出舷外或转进舷内。

(2)回转盘(Slewing unit)的支撑部件与起重臂的底座相连接,通过电动液压回转装置的驱动,可以使起重臂有效地转出舷外降放或转进舷内存放。

(3)起升机构(Winch),由电动机驱动滚筒,专门控制吊艇索进行升降。

(4)限位装置(Limited unit),安全保险装置,专门用来防止吊艇索绞升过大。

(5)遥控装置(Remote unit),用来控制操作救助艇向舷外转出和吊艇索下降的。

(6)蓄能器和手动泵(Accumulator & Handle Pump)。当无电源操作时,依靠蓄能器的储存能源或手动泵使起重臂转出或转进。

(四)重力式吊艇架降放与回收救生艇

1.救生艇的降放

(1)常用的降放方法

①由一人将吊艇机手摇柄插入吊艇机手摇插孔内,逆时针摇动,使救生艇重量集中在吊艇索上(注意手摇柄不用时随即从吊艇机插孔内取下)。

②将登艇软梯送至水面并固定好,以备登艇时使用。

③两个随艇下放的人员,登入艇内,拔掉救生艇充电插头,将艇底塞塞牢,送出艇首、尾缆,确认限位索(止荡索)牢固。

④艇长(指挥放艇人员)指定人员打开固定吊艇架的安全栓(部分船舶需要打开固定救生艇的稳索),艇长在确认准备工作完毕后,向船长报告。船长下达降放救生艇的命令。

⑤降放救生艇的命令下达后,放艇人员在艇长(指挥放艇人员)的指挥下抬起吊艇机上的刹车手柄,救生艇靠自身的重力倒向并滑向舷外,直到限位索(止荡索)完全受力,将艇拉向舷边位置,松下刹车手柄,停止放艇。

⑥两人分别将收紧索系在艇甲板或吊艇架上,与艇的首、尾相关部位连接(收紧绳端留在艇内),拉紧收紧索,使艇与登艇甲板靠近,挽牢收紧索。

⑦艇员依次登艇(通常两名放艇人员留大船),按座位坐好,系好安全带。解脱限位索(止荡索),慢慢松放收紧索,使艇位于吊艇架下自然下垂位置,再解掉收紧索。

⑧艇长指挥继续放艇,艇内人员检查艇机并将艇机起动。

⑨当艇即将入水时,随艇下放的两位艇员将联动脱钩装置的保险销拔出。当艇碰到水面时(此时吊艇钩依然承重),操作联动脱钩装置,同时脱开艇的首、尾吊钩,艇入水。将遥控降放索抛出救生艇外,并用专用的销塞堵住遥控降放绳的通孔。

⑩放艇人员利用登艇软梯登艇,全体人员登艇后,拉动快速脱钩装置,使艇的首(尾)缆脱开,用外舷舵,进车离开难船一定的距离,等待援救。

(2)遥控降放法

①同上述常用降放方法(1)中的①~⑥。

②艇员依次全部登艇,按座位坐好,系好安全扎带。解脱限位索(止荡索),慢慢松放收紧索,使艇位于吊艇架下自然下垂位置,再解掉收紧索。

③艇长检查艇机并将艇机起动,艇长在操艇位置使用遥控降放绳放艇。

④当艇即将入水时,艇长将联动脱钩装置的保险销拔出,当艇碰到水面时(此时吊艇钩依然承重),操作联动脱钩装置,同时脱开艇的首、尾吊钩,艇入水。将遥控降放索抛出救生艇外,并用专用的销塞堵住遥控降放绳的通孔。

⑤拉动艄缆释放器装置,使艇的艄缆脱开,用外舷舵,进车离开难船一定的距离,等待援救。

2.救生艇的回收

(1)调整大船的位置,操纵救生艇至准备收艇的吊艇架下方。

(2)带好艇首缆并适当调整艇的位置,使艇位于吊艇架下,船上收艇人员将吊艇钩松放至艇上方便艇内人员挂钩操作的合适高度,关闭艇机。

（3）前后挂钩人员尽快将艇钩扶正，并告知艇长可以进行艇钩复位操作，尽量同时将艇首、尾吊艇钩挂好（注意：可以先复位艇钩，然后将吊艇链环挂进艇钩），艇长向负责收艇操作的人员发出收艇信号。

（4）船上收艇人员操作吊艇机将艇慢慢吊起，待吊艇钩吃力后，仔细观察艇钩复位指示标志，确保艇复位正确。挂钩人员离开操作位置，关闭首、尾舷窗（门），将艇吊至与登艇甲板平行。

（5）艇内留两名人员，其余人员离艇登船。

（6）继续将艇吊起至存放位置，当艇收到距合适位置 300 mm 左右提示时即可停止（正常情况下限位开关起动，自动切断吊艇机电源），这时用手摇柄将艇收回到存放位置。

（7）艇内人员系好止荡索（限位索），整理好艇内属具备品，收回艇首、尾缆绳，按照要求固定存放在艇的首、尾两端。确认艇的脱钩装置、缆绳脱开装置、遥控降放绳都处于正确位置，关好救生艇门窗，离艇登船。艇外人员固定好安全栓，系牢稳索，将艇及其附件恢复到原来的存放状态。然后轻抬起刹车手柄，使吊艇索不受力，但也不要太松弛，将艇搁置在吊架上。

（8）艇长确认艇的存放位置合适，清点人数，报告船长后，讲评解散。

在《SOLAS 公约》最新规定中，演习时艇员应该在收艇之前通过软梯、吊网等登船。而且在真正的遇难求生时，他船无法将遇难救生艇回收，只能救助其人员，因此最后一个离艇人员应该关闭救生艇的照明灯及示位灯。

（五）自由降落式救生艇的降放与回收

1. 自由降落式救生艇的降放

自由降落式救生艇的降放方法共有三种：一是救生艇自由降落降放入水。自由降落是指载足全部乘员和属具的救生艇，在船上脱开并在没有任何制约装置的情况下，任其下降到海面的降落方法。二是利用吊艇臂降放救生艇入水，是救生艇借助于降落设备从其存放位置安全地转移到水上。三是救生艇借助于静水压力释放器的作用，自由漂浮降落出水，脱离难船。自由漂浮降落是指救生艇从下沉船舶上自动脱开并立即可用的降落方法。由于自由降落式救生艇的艇首是以 30°左右的下倾角存放在滑道上，人员进入艇内的活动非常不方便，如果不注意进入艇内的次序，将会造成艇内人员交叉、拥挤、混乱。因此，登艇人员应该从艇尾门倒着进入艇内，入座后，人员是面向艇尾的，以减轻艇在下滑时对艇内人员的冲击。

（1）救生艇自由降落入水

救生艇自由降落入水的基本步骤如下（如图 2-9 所示）：

①首先要检查吊艇装置中救生艇吊艇索的吊环与吊钩，确认其不相连。

②救生艇吊艇索的吊环固定在艇左右两侧的吊座上。

③外接充电器电源线已脱开。

④艇长确认所有艇员已在座位上坐好，系紧安全带。

⑤确认救生艇所有开启的门、窗、艇尾门的通气阀等孔盖完全封闭。

⑥检查确认艇内（外）无活动物体。

⑦起动救生艇机器。

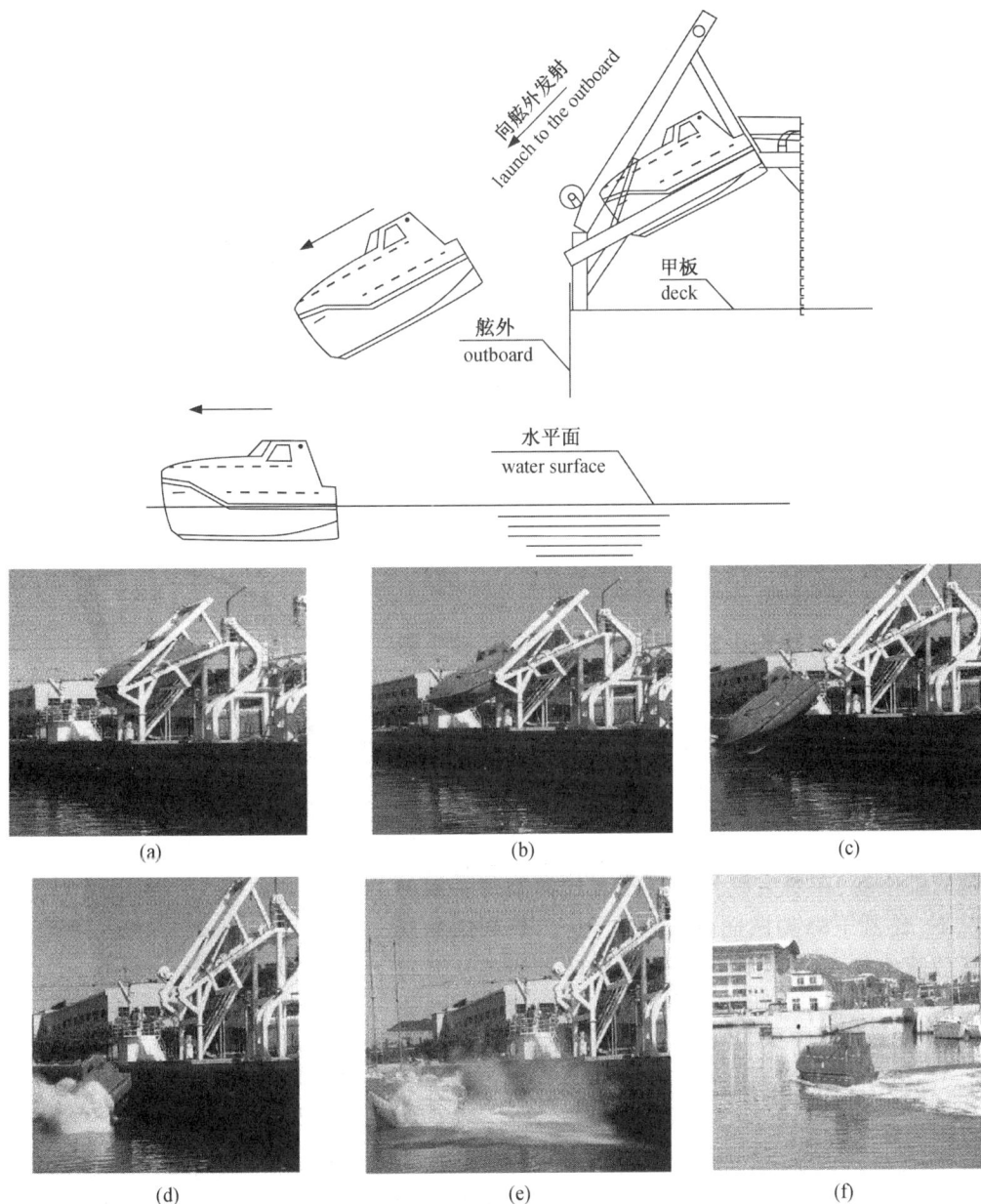

图 2-9　救生艇自由降落示意图及实训图

⑧艇长操纵艇内释放钩装置,打开释放钩。

⑨救生艇沿艇架滑道自由降落入水。

　　自由降落式救生艇在艇长打开释放钩后,救生艇靠自身重力沿下倾 30°左右的滑道下滑,以 10~20 kn 的速度自由降落入水,进入水中后再浮起,操纵机器迅速离开难船,进行海上求生。

（2）利用吊艇臂降放救生艇入水

利用吊艇臂降放救生艇入水基本步骤如图2-10所示：

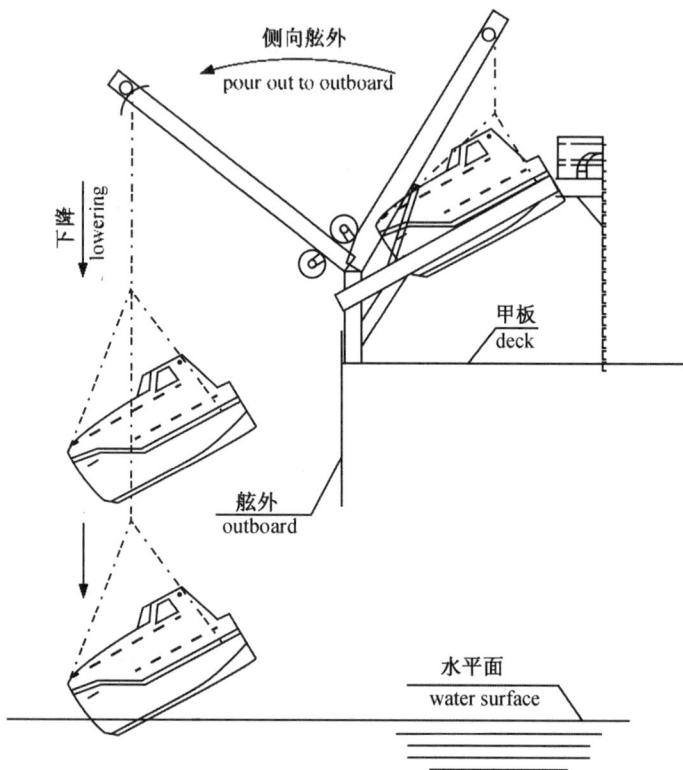

图 2-10 利用吊艇臂降放救生艇示意图

①打开吊艇机电源,起动液压泵。

②扳动控制吊艇索的液压操纵手柄,慢慢松放与吊艇横担连接的吊艇钩。

③在救生艇两侧吊座上取出吊环并与吊艇钩相连。

④打开压艇装置的快速脱钩,压艇板转动,脱离救生艇。

⑤艇员登艇,在其座位上坐好并系紧安全带,艇长确认人员已经全部进入艇内,外接电源线已经脱开。

⑥艇长进入艇内驾驶台位置,副艇长关闭艇尾门,艇长操纵艇内释放钩,脱开释放钩。

⑦放艇人员操作控制吊臂的液压手柄,使吊艇臂慢慢被顶推至舷外,救生艇随吊艇的移动也被缓缓送出舷外一定距离。

⑧操作控制吊艇索的液压手柄,慢慢松放吊艇索使救生艇下降入水。

⑨艇内人员打开救生艇艇门并固定好。

⑩在艇尾座位上的两名艇员,穿好救生衣,走出艇外,将救生艇左右两侧的吊环从吊钩上移出,并存放在吊环座盒内固定好。

⑪艇长起动艇机并操纵救生艇靠近大船,放艇人员借助登乘软梯登艇。

⑫全部人员登艇后,艇长操纵救生艇离开船舶,进行海上求生。利用吊艇臂进行降放救生艇比较费时,有的救生艇在降放操作时,利用遥控装置降放,缩短了船员脱离难船的

时间,增大了安全保障。

（3）救生艇自由漂浮脱离难船

当船舶下沉或严重倾斜至横倾75°、纵倾20°等极端情况时,救生艇依靠自由降落入水方式脱离难船将非常困难,利用吊艇臂重力式降放救生艇入水也不容易做到。在这种极端困难的情况下,自由降落入水救生艇增加了一种降放救生艇脱离难船、进行求生的措施,即自由漂浮脱离难船的操作。自由漂浮是指救生艇筏从下沉中的船舶自动脱开并立即可用的释放方法。当发生危险情况,广大船员来不及采取前面两种方法操作救生艇脱离难船时,应该立即奔往登艇的集结场所,打开艇的尾门,按顺序登艇,每个艇员登艇后立即在座位坐好,系牢安全带(将自己固定好)。艇长检查门窗、出入口确认其密闭。此时船舶下沉,当下沉2~4 m时,在静水压力释放器的作用下,自动脱开救生艇两侧的压艇装置,救生艇向上浮起。救生艇的挂钩装置仍然与大船相连,使救生艇形成了艇首朝上,艇尾朝下,近似于垂直的状态,这种状态能使救生艇很容易脱离释放钩固定装置,浮于水面上。艇内人员也可以根据情况,适时进行解脱释放钩的操作,使救助艇早些脱离难船浮于水上,进行海上求生(见图2-11)。

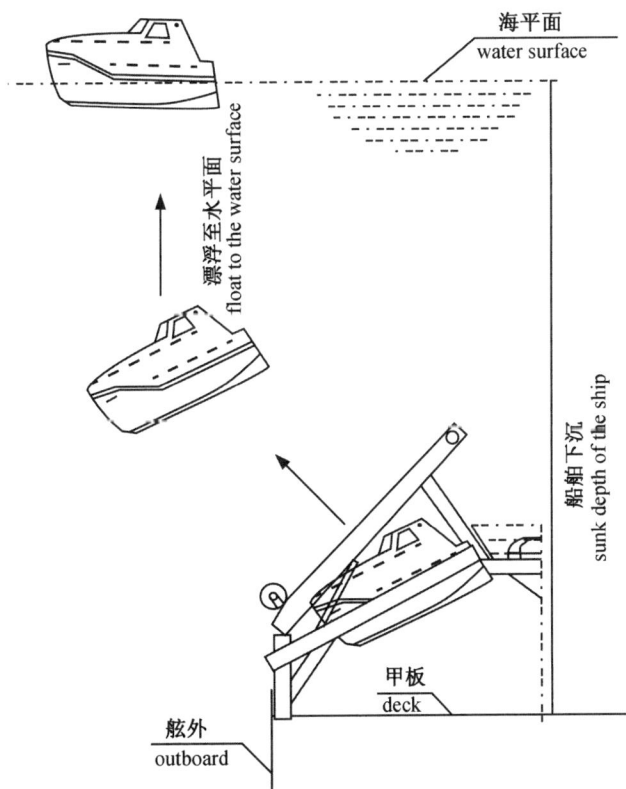

图 2-11　救生艇自由漂浮脱离难船示意图

需要特别指出的是,如果情况特别紧急,全体船员来不及登艇,应该立即借助救生筏等救生工具离开难船,在附近漂浮等待。当船舶下沉时,在静水压力的作用下压艇装置自动打开,救生艇解脱固定索具自由漂浮起来,达到一定位置后,脱离释放钩固定装置,浮出水面。在水中漂浮的人员或在其他不方便的救生工具上的人员,接近救生艇,进入艇内,起动艇机,驶离难船,进行海上求生。

2. 自由降落式救生艇的回收

自由降落式救生艇的降放和存放设施通常在船舶尾部,因此自由降落式救生艇在进行回收操作时,必须借用吊艇臂在船舶尾部水域进行(如图2-12所示)。在进行自由降落式救生艇回收操作时,首先要将艇内人员送至船舶舷梯或软梯,艇内人员利用舷梯或软梯登船。艇内留下进行收艇操作的人员不能多于4人。其一般流程为:

(1)大船顶流、顶风保持航向,减速停车,尽可能使船舶尾部水流相对平稳。

(2)操纵救生艇接近船舶尾部水域,并操纵救生艇使其尾部慢慢接近船舶尾部。

(3)收艇操作人员扳动控制吊臂的液压手柄,将吊臂移出船舶尾部的舷外合适位置,不可以距离船尾太近。

(4)收艇人员扳动控制吊艇索手柄,松放吊艇索,使横担及两吊钩慢慢接近救生艇尾部。

(5)艇内两个协助收艇操作的人员,必须身穿救生衣,打开艇尾门并固定好,分别将左右两侧吊座内的吊艇吊环取出。

(6)船上进行收艇的操作人员,将吊艇索位置调整合适,艇内协助操作的两人抓住时机,争取将左右两吊环同时挂上吊钩。

(7)如果不能将左右两钩同时挂好,没有挂上钩的人员一定要特别注意安全,防止横担在一边钩定时旋转而发生意外或引起操作的不方便。

(8)救生艇内两侧吊环挂好后,人员进入艇内,船上收艇人员慢慢操纵手柄,使吊艇索逐渐受力,避免救生艇在绞收时大幅度晃动。

(9)绞收救生艇离开水面后,艇长关闭救生艇机器,关闭电源。

(10)船舶上收艇人员应该注意检查固艇装置的压艇板位置是否合适,救生艇滑道左右两侧是否有妨碍物件。

(11)当救生艇绞收位置合适时,松开吊艇索控制手柄,救生艇停止上升,扳动吊艇臂控制手柄,使吊艇臂向舷内回转,救生艇进入滑道。

(12)艇长注意在回收时,应将艇内释放钩的释放操作手柄操作复位。

(13)当吊艇臂回落至舷内支架上后,操纵吊艇索控制手柄,调整救生艇落入滑道的合适位置,将救生艇尾挂钩用链环与释放钩固定装置相连并固定好。

(14)将吊艇钩与艇左右两侧的吊环脱开,分别放入左右两吊座盒内,并插上保险横销固定好。

(15)操作吊艇索控制手柄,将吊艇横担及吊钩位置调整好。

(16)将压艇装置的压艇板调整到合适位置压牢救生艇,并将连接静水压力释放器的快速脱钩固定好。

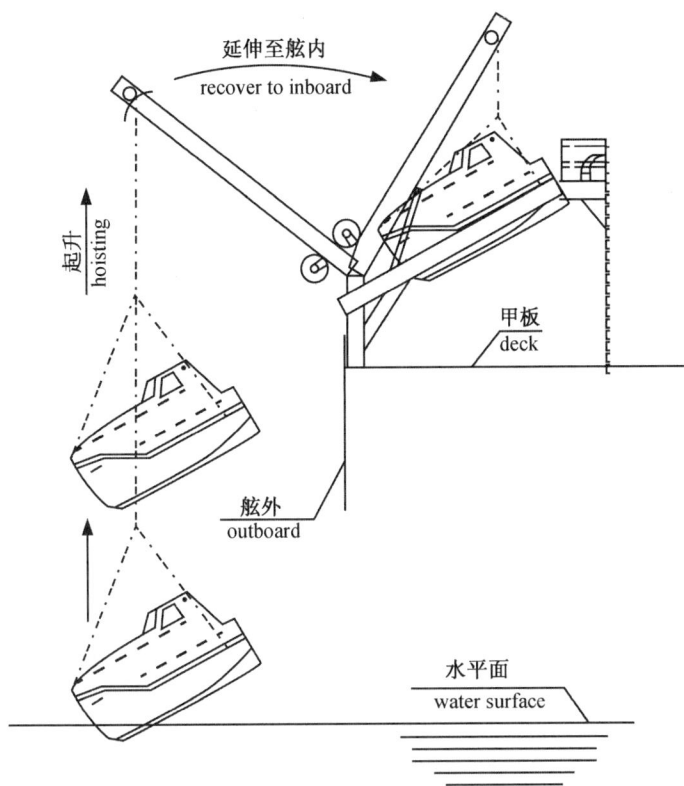

延伸至舷内
recover to inboard

起升
hoisting

甲板
deck

舷外
outboard

水平面
water surface

(a)   (b)

(c)   (d)

图 2-12 自由降落式救生艇回收操作示意图及实训图

（六）重力式救生艇脱钩装置手柄式联动脱钩的操作（以国内某厂家产品为例）

1. 正常脱钩（非负载脱钩 Off-load release）

正常脱钩方式是最常用的脱钩方式，采用此种方式的特点是艇已放至水面，吊艇钩不再承载救生艇的重量。其操作流程如图2-13所示：

（1）将救生艇降放至完全浮于水面；

（2）拔出安全插销；

（3）向上提起释放手柄，并向后（艇尾方向）拉即可同时脱开艇首、尾吊艇钩。

（特别提示：正常脱钩操作说明张贴在艇释放装置附近。）

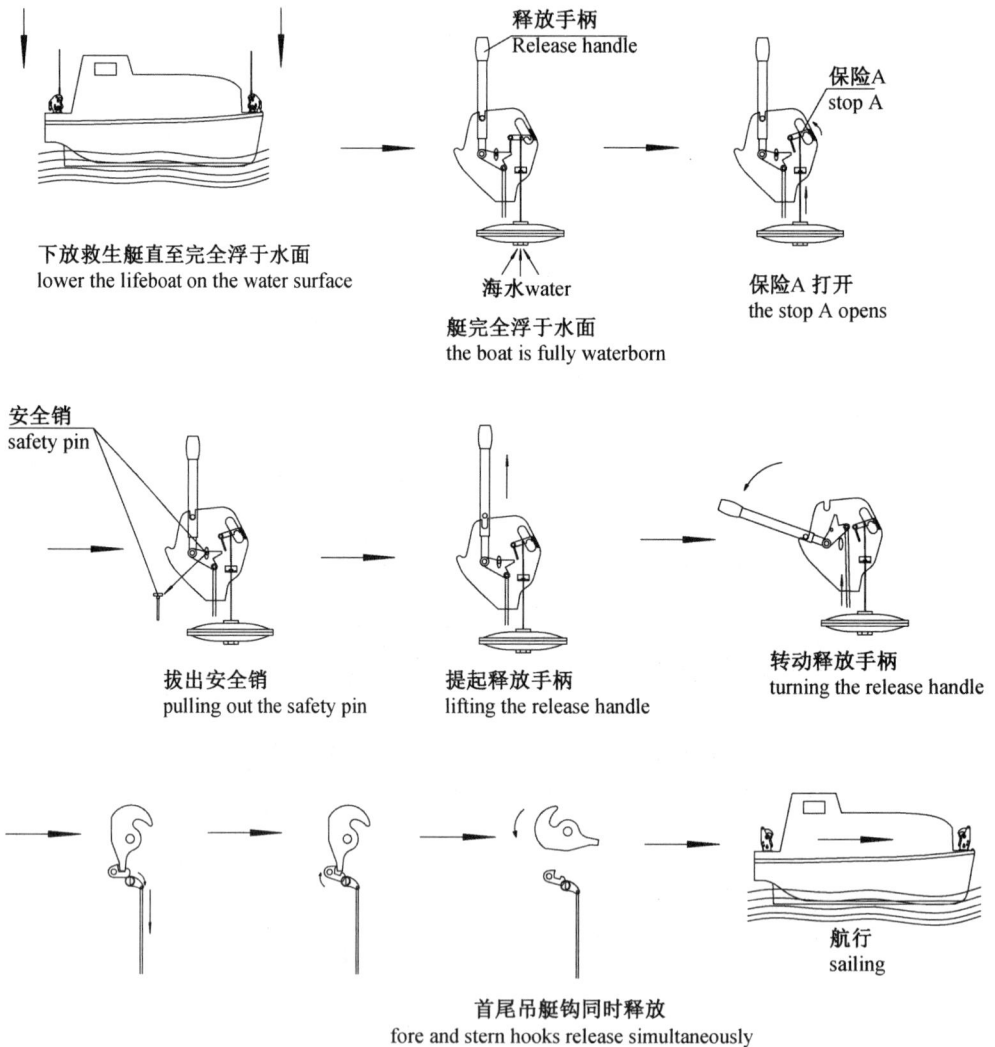

图 2-13　正常脱钩操作流程图

2. 紧急脱钩（负载脱钩 On-load release）

若按照正常脱钩方式不能脱开吊艇钩或救生艇不能降至水面（厂家推荐艇距离水面

上不大于 1 m)时,可采用紧急脱钩方式,其操作流程如图 2-14 所示。

（1）利用脱钩装置旁边的插销柄敲碎玻璃罩；

（2）用手指抬起保险 A；

（3）拔出安全插销；

（4）向上提起释放手柄,并向后（艇尾方向）拉即可同时脱开艇首、尾吊艇钩。

（特别提示：紧急脱钩操作说明张贴在艇释放装置附近。）

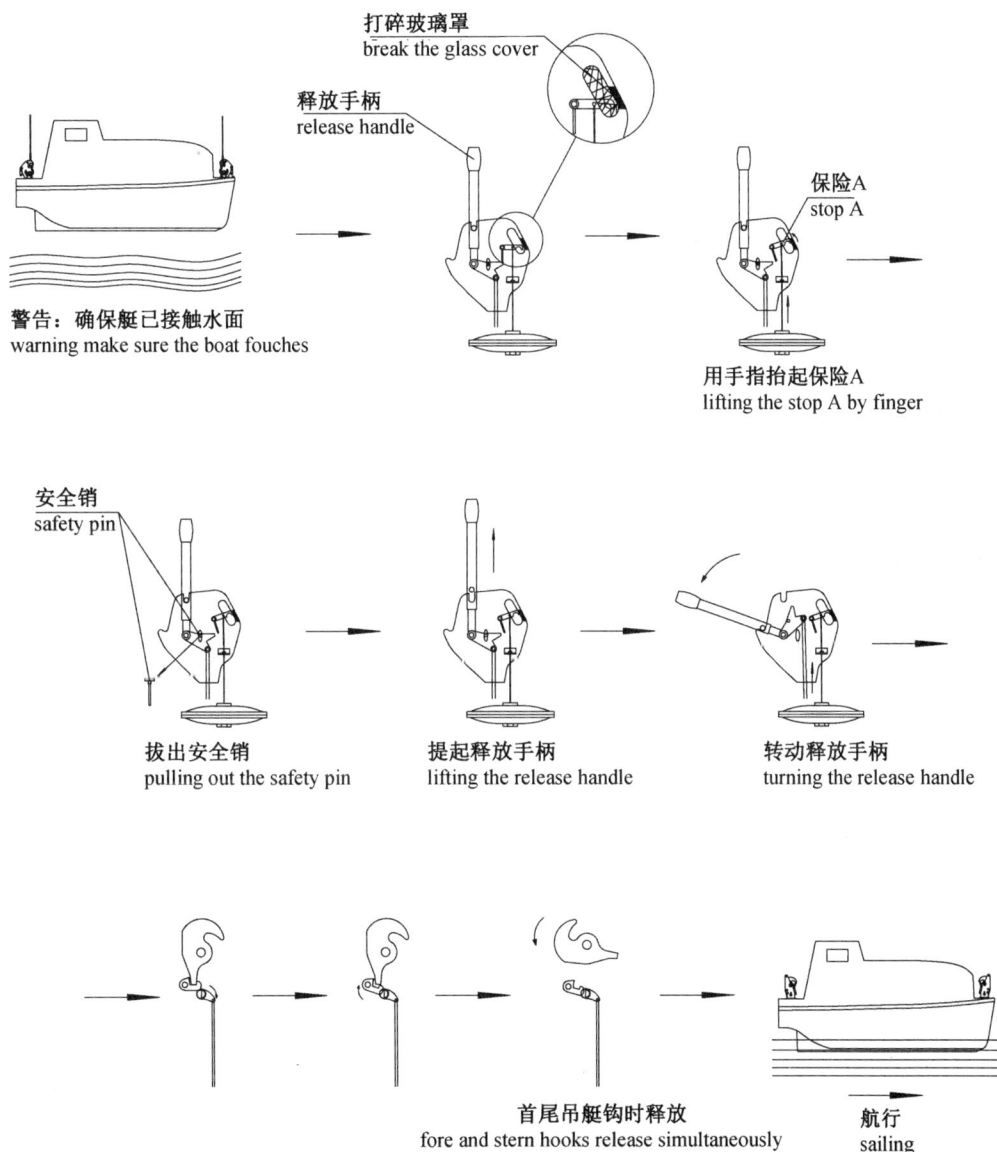

图 2-14　紧急脱钩操作流程图

3.吊艇钩复位(Reset)

吊艇钩复位操作流程如图 2-15 所示。

绿色箭头对齐
green arrows aimed

释放手柄
rellease handle

确保吊钩处于开启状态
smake sure the hook is
in open position

转动吊钩至正常位置
turn the hook to its
normal position

转动释放手柄
turning the release hand

指点针与绿色标记对齐
the indicator should points
to the green mark

安全销
safety pin

释放手柄处于正常位置
the release handle ing
its normal position

插入安全销
insert the safety pin

起吊
lifting

保险A
stop A

挂上吊环（首尾）
hook the lifting rings (Aft. & Fwd.)

海水
water

保险A 复位
stop A recover

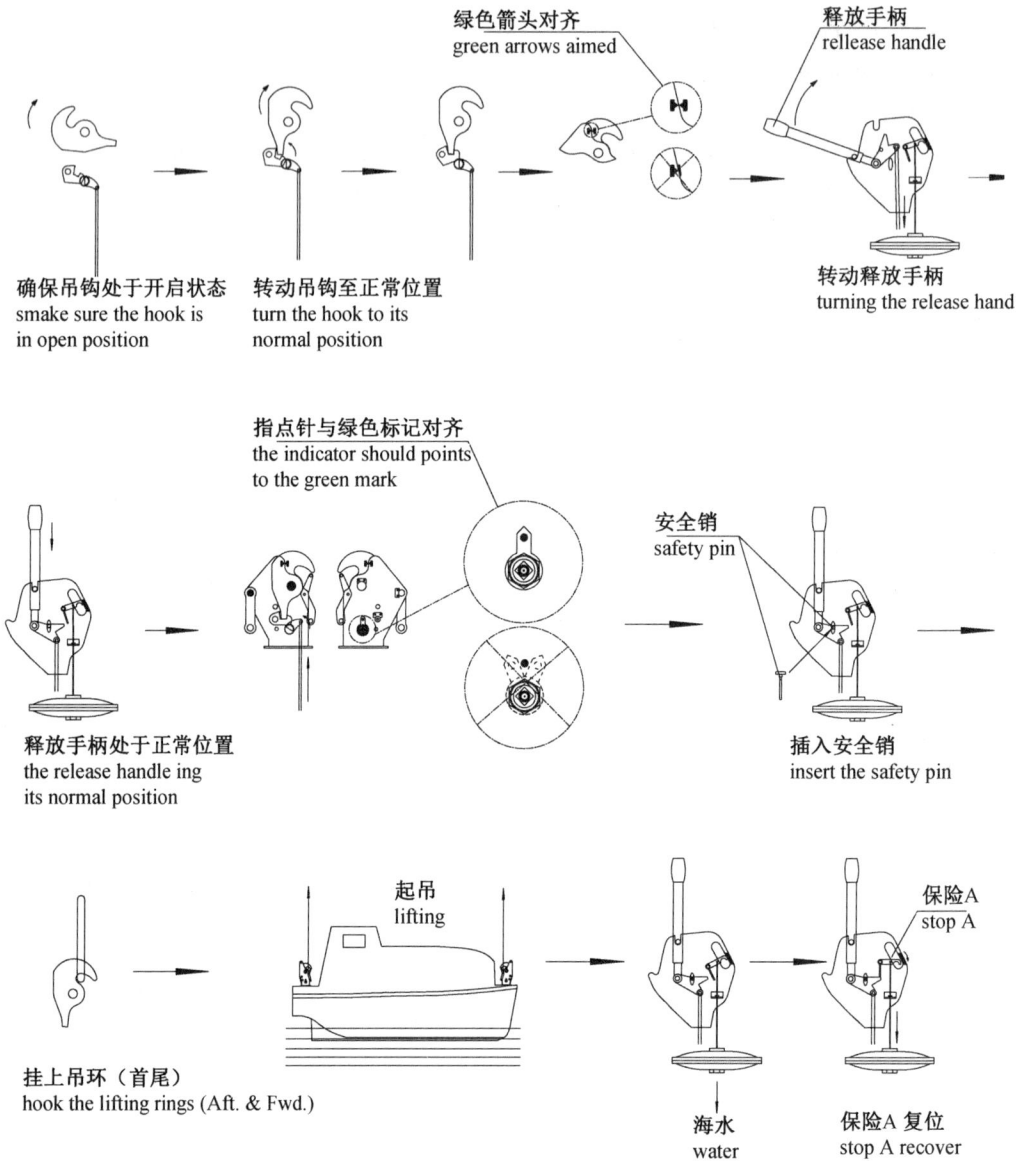

图 2-15 吊艇钩复位操作流程图

（1）确保吊艇钩处于开启状态；

（2）艇首、尾各一人转动吊艇钩使其至正常位置(竖直状态)，此时吊艇钩旁边的绿色指示箭头对齐；

（3）一名驾驶员向前(艇首方向)推释放手柄使其入正常位置(凹槽)处；

（4）插入安全插销；

（5）挂上吊艇索下端的吊环，并起吊至刚好离开水面，再次确认指针与绿色标记对齐；

（6）确认保险 A 已复位。

特别提示：释放钩复位操作说明张贴在艇释放装置及艇首、尾释放钩附近。

特别警告：当复位标记未复位时，请重复复位操作。

（七）自由降落式救生艇脱钩装置（国内某厂家生产的 JX-2 型）的操作

JX-2 型系统由释放构件及 BYD-2600 手动液压泵装置组成（如图 2-16 所示），通过手动泵手柄运动，液压油推动活塞杆向前移动约 35 m，使止动转杆转动，从释放钩尾部滑出，即脱钩完成。如果液压系统无效，则可顺时针旋转手动应急脱钩手轮实现应急脱钩。

1. 正常操作

（1）按顺时针方向旋紧手动泵开关；

（2）操纵手动泵手柄前后往复移动 45°，往复 7~9 次，即完成脱钩动作。

2. 应急操作（当正常操作失灵时）

（1）坐在应急脱钩处的艇员打碎塑料保护罩；

（2）确保手动泵开关处于打开状态；

（3）顺时针转动手轮，直至止动转杆打开完成脱钩动作。

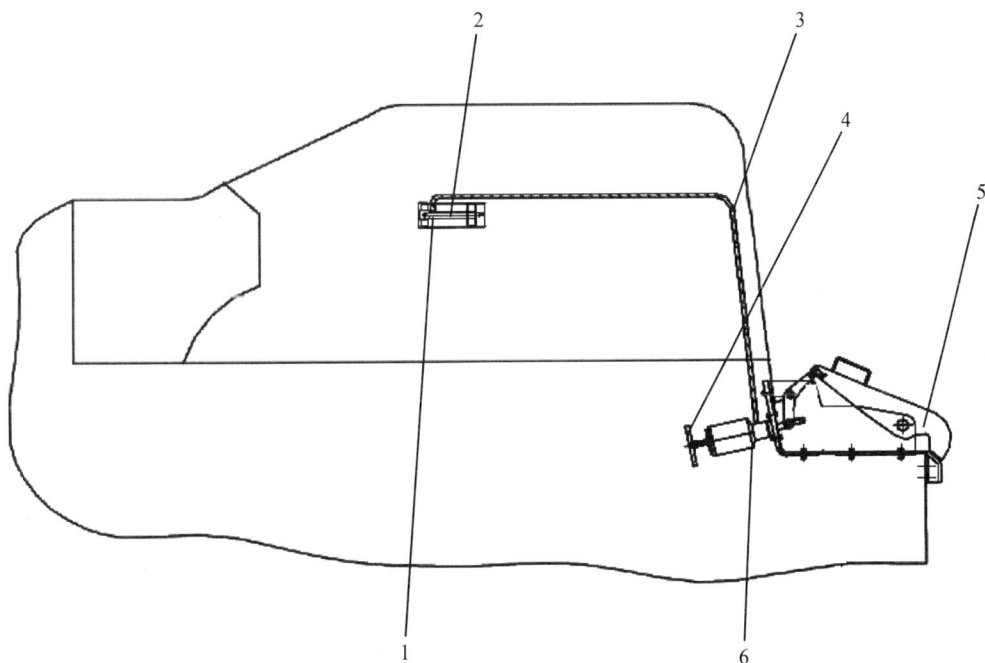

图 2-16 JX-2 型系统布置图

1—手动泵开关；2—手动泵操作手柄；3—液压管；4—紧急释放钩手轮；5—释放钩；6—塑料保护罩

3. 吊钩复位操作

（1）艇外 1 人拉动释放钩上手柄，同时驾驶位艇员逆时针方向松开手动泵开关，油缸内回复弹簧使止动转杆回到关闭状态；

（2）艇外人员合上吊钩并检查吊钩上的复位标志是否回到其复位位置（如图 2-17 所示），如达到原位则复位完成；如没有，需找出原因排除故障，重复上述动作完成复位过程。

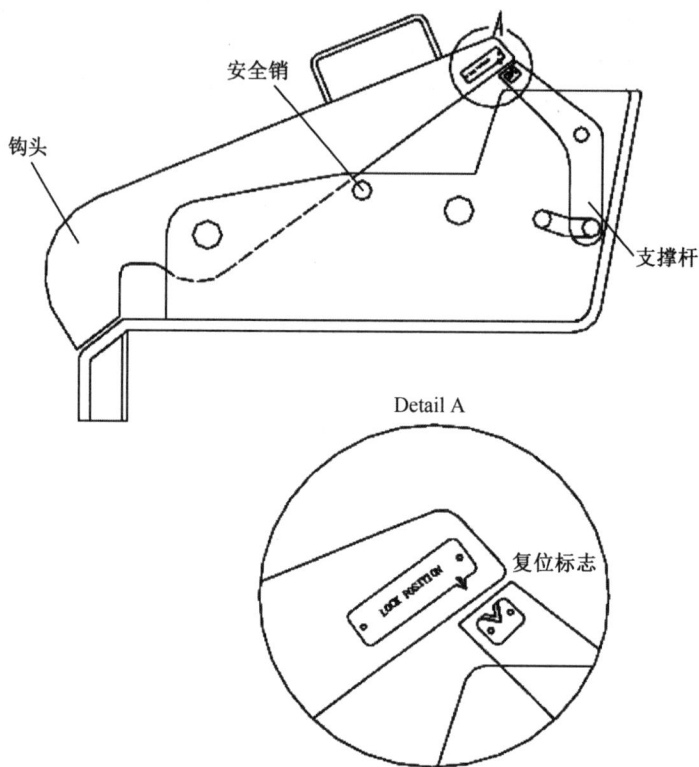

图 2-17　释放钩结构示意图

二、相关实操训练

1. 实操训练内容

救生艇的降放与回收操作训练。

2. 实操训练的目的和要求

实操训练的目的是使受训学员在弃船信号发出后,迅速而有序地进行救生艇筏的降放操作并能安全地登艇离船。通过训练,使学员通晓重力式吊艇架降放操作分工合作的技能要领及安全注意事项,熟悉回收操作的技术要点。向学员灌输以人为本、安全第一的实训要求。

3. 实操训练的条件

具备可进行降放与回收操作的场地,其中:

(1)重力式吊艇架及艇 1 套。

(2)操作收放训练艇 1 艘,可用于反复脱钩训练设备 2 套。

(3)自由降落式救生艇及其艇架 1 套。

(4)足够数量的救生衣。

(5)足够数量的安全帽。

(6)纱线手套 1 副/人。

4.实操训练的步骤

(1)集合全体人员,清点人数分组后,实操训练指导教师做好安全教育后,将学员分别带领到重力式吊艇架、自由降落式救生艇和救生筏降放现场,介绍各类降放装置各部分的名称、作用、操作要点及注意事项等。

(2)指导学员进行实际操练。

①落实组内人员分工。

②由实训指导老师指挥救生艇降放和回收操作。

③现场讲评后结束教学活动。

5.实操训练的要点

参见前述救生艇的降放与回收相关知识,并注意结合设备的操作使用说明。

6.实操训练的注意事项

(1)救生艇降放属于关键性操作,坚持"安全第一"的原则,必须听从实训指导教师指挥。

(2)降放与回收救生艇,各组学员应分工协作,相互配合。

(3)爱护设备,使用完毕后器材归位并做好记录。

任务二　救生筏的存放与释放

一、相关知识

(一)救生筏的存放装置

目前海船上配置的救生筏绝大多数是气胀式救生筏,气胀筏的筏体和属具备品是盛装在容器里的。气胀式救生筏的容器大体上是圆筒形,因此,救生筏的存放装置主要考虑存放时的稳固性,降放时是否方便。特别是抛投式降放的救生筏,按照存放装置的结构不同,抛投式救生筏的存放装置有以下几种:

1.水平式存放架

这种筏架底座直接镶装固定在甲板上,下半部是一个半圆形托架,托架上固定安装着橡胶衬垫。平时救生筏的容器水平安放在托架上,用一根简单的索具固定。救生筏的艏缆通过容器下半部的绳孔引出,系牢在筏架的底座上。存放架的结构形式保证了救生筏存放的稳定(如图2-18所示)。

释放时解开固定索具,2个人将盛装筏的容器抬到舷边,抛投到海面,使救生筏充胀成型;或者当船舶沉没时,依靠自由漂浮装置,救生筏浮起、充胀成型、船筏分离,以备求生人员使用。这种救生筏的存放架,在人工释放时,必须将救生筏的容器整体抬起,离开筏架才能抛投释放,费时、费力。

2.滚动式存放架

这种筏架存放救生筏的形状(如图2-19所示)类似一个三角形框架斜边,救生筏的容

图 2-18　水平式存放架

器直接安放在两个稍有凹进型的、表面光滑的向下倾斜的钢管(或角钢)上,底座框架的四个边角牢牢地固定在甲板上,固定筏的索具从靠近舷外的低边拉起,在筏体容器的上方向另一边拉过,向下固定在静水压力释放器上。救生筏的艏缆系固在底座的框架上,在人工释放时,按照静水压力释放器的指示标志,推动手动拉杆,解脱救生筏的固定索具,救生筏就顺势滚动抛出舷外(或用手推一下)。在接近水面时,筏的艏缆拉动充气钢瓶,使筏体充胀成型。

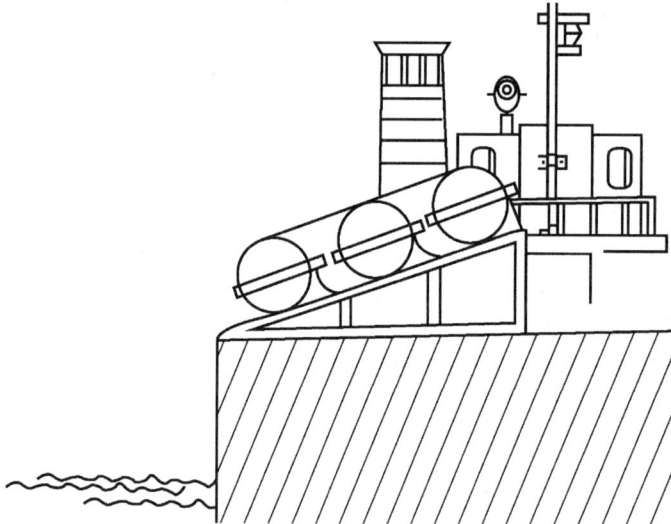

图 2-19　滚动式存放架

3. 翻架式存放架

这种存放架安放时尽可能地接近舷边,存放架的底边座牢固地固定在甲板上,救生筏的艏缆直接系固在底座上。在靠近舷边的底座上,铰接安装一个可以向舷外倾倒的翻架,固定救生筏容器的索具一边系结在翻架上,从筏的容器上向下拉到静水压力释放器上固定。在人工释放时,解开固定索具,翻架向舷外倾倒大约120°,形成一个使救生筏容器向舷外滚动的滑道,救生筏顺着滑道降放到水面充胀成型(如图2-20所示)。

4. 机械吊放式救生筏的存放

机械吊放式救生筏,通常是组合堆放式固定存放。在客船上要求每 5 个筏至少配备一个机械吊放式救生筏的释放架。机械吊放式救生筏的释放架是一种单臂可旋转移动的释放装置,借助机械动力可以进行救生筏的降放和回收。吊臂向舷外或舷内的旋转运动靠机械动力或人力都可以进行,救生筏的吊升和降落依靠机械动力。

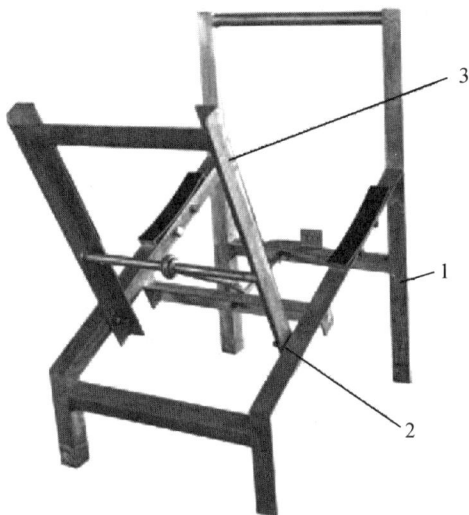

图 2-20　翻架式存放架
1—固定筏架;2—活动支点;3—可翻动的筏架

(二)气胀式救生筏的释放

救生筏的释放操作比较简单,但是如果忽视某个环节,仍然会造成释放操作的失败。因此,广大船员应该熟悉和掌握救生筏的各种释放操作技能和注意事项。

1. 抛投式释放救生筏的操作

(1)打开舷侧栏杆(如有),确认甲板无障碍物,检查和确认救生筏的艏缆(起动气瓶拉绳)是否牢固地系在存放架上(或固定在船上的固定物件上)。

(2)确认需要抛投救生筏的水面没有硬质漂浮物,没有漂浮的落水人员,没有漂浮的救生艇筏,没有其他一切有碍救生筏充胀成型的在水面漂浮的障碍物。

(3)可根据船舶的载重情况(空载、满载、半载)来调整和确认艏缆的长度,使其达到最适宜起动充气钢瓶的长度。

(4)打开系固索上的快速脱钩装置,解脱固定救生筏的索具,将筏抛入海中。

(5)在救生筏借助重力向下沉落的过程中,救生筏的充气拉绳被拉出,接近水面时,将救生筏的充气钢瓶起动。在正常情况下,救生筏体将在 1~3 min 内快速充胀成型。

(6)在救生筏完全充胀成型后,尽快组织人员登乘。

(7)救生筏充胀成型后,利用筏的艏缆将筏体拉向船舷,利用登乘梯登上救生筏,待分配的全部乘员登筏完毕后,取出存放在救生筏进口处的安全小刀,割断艏缆,离开难船(如图 2-21 所示)。

（8）如果利用海上撤离系统登筏,由专门人员将充胀成型的救生筏拖拉到海上撤离系统的登筏平台边侧系留,等待求生人员登筏。

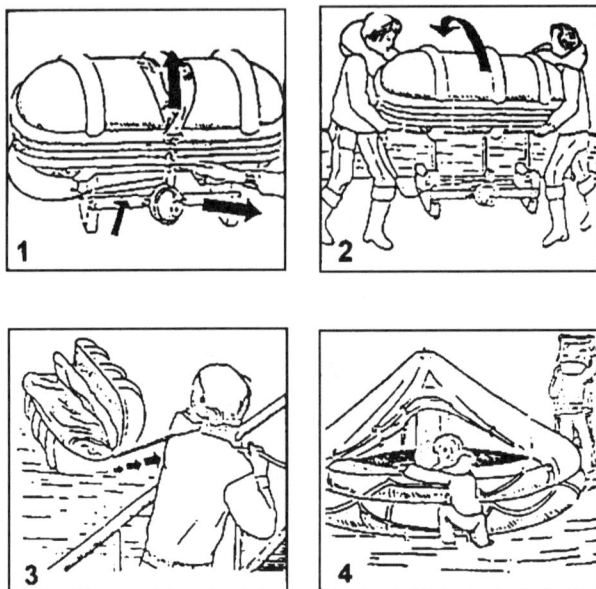

图 2-21　抛投式救生筏降放

2. 机械吊放式救生筏的降放操作

机械吊放式救生筏的充胀成型是在登乘甲板舷侧进行的,这样登乘的人员就可以直接在集结的甲板上登乘救生筏,就减少了难船上求生人员入水的可能,防止了求生人员身体暴露在水中,降低效应的伤害,增大了海上求生获救的安全保障。机械吊放式救生筏也可以进行抛投式降放,还可以借助静水压力释放器释放。机械吊放式救生筏降放操作的注意事项如下:

（1）打开舷侧栏杆,确保登乘甲板、降放装置旋进(出)的范围无障碍。

（2）解脱降放装置的保护和固定索具,将吊臂调整到准备吊放救生筏的合适位置[如图 2-22(a)所示]。

（3）解脱固定救生筏的索具,将准备释放的救生筏抬到降放装置的吊钩下,平放后打开救生筏的容器[如图 2-22(b)所示]。

（4）松放吊筏的快速脱钩到救生筏上方,从筏内拉出吊环挂在吊钩上,合上吊钩的保险,确认吊钩处在安全释放前的状态。

（5）检查降放救生筏的水面没有妨碍救生筏充胀成型的漂浮物,没有漂浮的海上求生人员。

（6）将救生筏的两边各系接一根稳索,分别系固在两侧栏杆上或登乘甲板的羊角上。固定稳索时,要考虑其长度,在将救生筏转出舷外时,稳索的长度应正好将救生筏紧密地拉靠在舷侧边上,各索具固定的方式和概位[如图 2-22(c)所示]。拉出筏的充气拉绳。

（7）操作降放装置将救生筏吊离甲板,转动吊臂将筏转出舷外,使筏贴近舷侧,快速

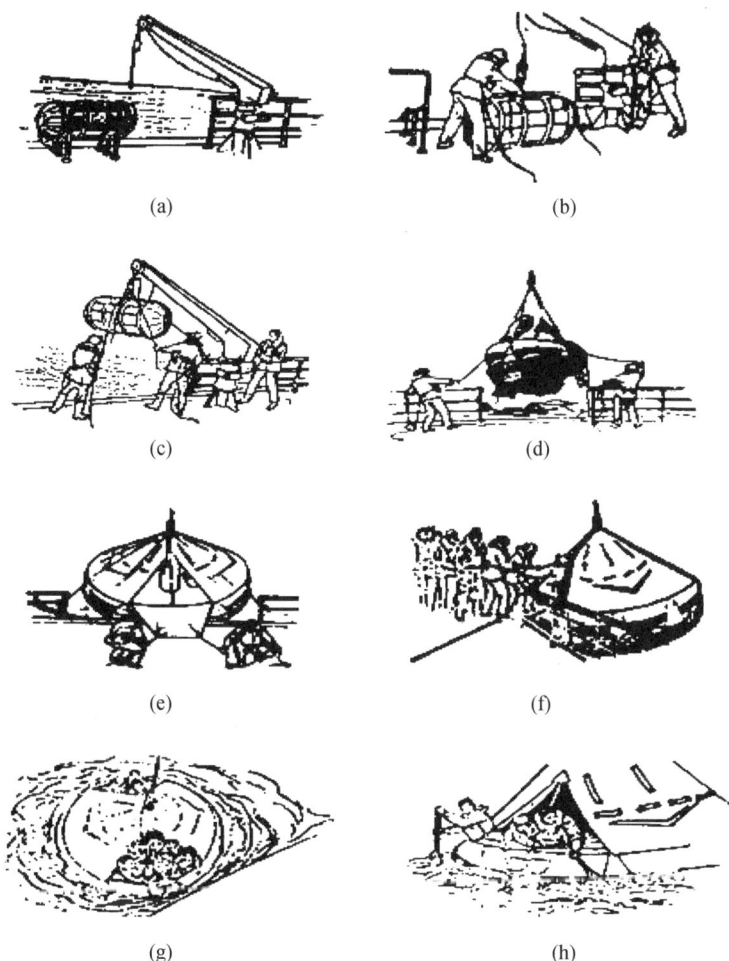

图 2-22　机械吊放式救生筏释放流程图

拉动充气拉绳,将救生筏充胀成型后紧靠在登乘甲板的舷边,固定好登筏用的登踏橡胶布[如图 2-22(d)、(e)所示]。

(8)检查确认准备登筏的人员没有携带锋利或带尖的物品,脱掉带钉子的硬质皮鞋,依次进入救生筏内,降低重心,面向筏的中央围坐在筏的四周,不要在筏内走动,避免发生意外事故[如图 2-22(f)所示]。

(9)全部额定乘员进入筏内,解脱筏的稳索,松解橡胶踏布等筏与船相连的索具,松放吊筏索,使救生筏向水面降落[如图 2-22(g)所示]。

(10)救生筏是在可控制的下降速度中降放,当下降至距离水面 2 m 左右时,筏内的指定人员拉动快速脱钩的拉绳,打开吊钩的保险,这时救生筏并没有脱离吊钩。

(11)当救生筏降落水面时,由于浮力的作用,吊筏钩不受力,使筏与吊钩自动脱开(吊钩绞起,继续进行其他吊放),救生筏入水,割断缆绳并利用筏桨快速离开难船[如图 2-22(h)所示]。

3. 救生筏的自动漂浮

当船舶发生海难事故后,如果没有足够的逃生时间,采取人工抛投方式释放救生筏,从设计上讲,装配有静水压力释放器的气胀式救生筏完全可以实现自动充气和漂浮。由于静水压力释放器是垂直安装的,固定索具的吊钩在静水压力器的上方,进水孔在下方[如图 2-23(a)所示],随着船舶的下沉,当静水压力释放器下沉到水深 1.5~4 m 时,海水进入压力器的蓄水腔室,由于静水压力的作用,静水压力释放器锁扣会自动打开并解脱固定救生筏的固定索[如图 2-23(b)所示]。由于盛装筏体的容器具有一定的固有浮力,脱开固定索具后的容器向上浮出水面,随着难船的下沉和容器的向上浮起,筏内的艏缆被逐渐拉直拉紧,直至将充气钢瓶起动,使救生筏充胀成型[如图 2-23(c)所示]。由于充胀成型的救生筏在船舶下沉过程中的拉伸作用使其浮力渐大,最终将薄弱环(易断绳)拉断,救生筏脱离难船,浮于水上[如图 2-23(d)所示]。海上求生人员可以比较充分地利用救生设备保护好自己。

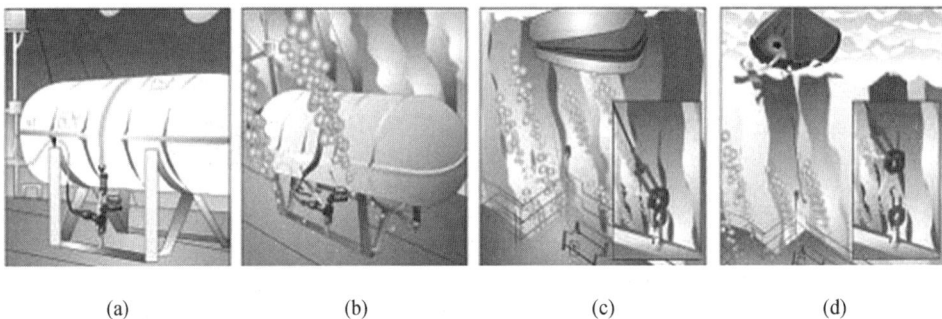

(a)　　　　　　　(b)　　　　　　　(c)　　　　　　　(d)

图 2-23　利用静水压力释放器释放救生筏

4. 靠近船舶首尾存放救生筏的释放

《SOLAS 公约》规定,在船长超过 100 m 的船舶首尾,应该额外再配备一个救生筏,这个救生筏也配有静水压力释放器。当船舶发生海难时,有人在船舶的首尾或远离集结的场所,就要利用这个额外存放的救生筏进行求生(如图 2-24 所示)。其主要操作要点如下:

(1)解脱固定救生筏的索具。

(2)解掉救生筏的艏缆起动,即起动充气瓶的拉绳(自动充气拉绳)。

(3)将救生筏搬抬到准备投放救生筏的地点。

(4)将救生筏的艏缆起动(自动充气拉绳),系固在船体的固定构件上。

(5)抬起救生筏抛投下海,救生筏充胀成型。

(6)借助筏的艏缆起动将筏体拉近难船,再借助绳索登上救生筏。

(7)进入筏内后,割断系筏的缆绳,操筏离开难船。

5. 与海上撤离系统联合使用的救生筏

存放在海上撤离系统附近与其配合使用的救生筏,在进行投放操作时一定要注意,要在海上撤离系统投放充胀成型后,再进行救生筏的抛投释放。在释放时,要注意离开海上撤离系统一段距离,避免发生将救生筏抛投到撤离系统上,两者相互影响导致操作失误的

图 2-24　靠近船舶首尾存放救生筏的释放

情况。要在撤离系统的上风流进行投放操作,操作时撤离系统上最好有船员做好接应救生筏的工作,及时将救生筏与撤离系统连接好,以便于船上人员从撤离系统的登筏平台登乘救生筏。

(三)救生筏驶离大船

当全部额定乘员登上救生筏后,应该迅速操筏驶离大船一段距离,等待救生艇或救助艇的拖带,与其他救生艇筏集结,转移到安全水域,进行海上求生。主要操作步骤有:

1. 首先取出存放在救生筏浮胎进出口上专用袋里的安全小刀,割断与大船相连的缆绳。

2. 取出备品袋里的两只划桨,将桨柄与桨叶组装好(如图 2-25 所示),在救生筏的进出口处划桨,筏内人员提起筏底平衡水袋减少阻力,驶离大船。

图 2-25　桨柄与桨柄的连接

3. 可以借助海锚的操作驶离大船。提起平衡水袋,将海锚抛向筏的前方,待海锚吃力后,筏内人员拉收海锚索,使救生筏向海锚方向移动;海锚收起后,再向前方抛出,这样反复操作就可以使救生筏很快地驶离大船。

4. 割断缆绳前,依据救生筏的漂移,注意观察一下海上的风流方向,如果下风流水域安全,割断缆绳后稍将救生筏撑离大船一段距离,提起筏底的平衡水袋,救生筏就可以顺风流漂离大船(如图 2-26 所示)。

图 2-26 割断筏缆并驶离

(四)倾覆救生筏的扶正

抛投式救生筏在抛投释放时,有可能在充胀成型的过程中筏体倾覆。出现这种状况后,需要一个人穿着救生衣下水,接近救生筏,手拉浮胎外侧的扶手绳,将有充气钢瓶的一侧拉至下风。人从配有钢瓶的一侧(筏体偏低的一侧)爬上筏底,两脚蹬在钢瓶上,身体尽量向前拉住扶正带,整个身体向后仰蹲,同时脚下用力蹬着钢瓶,利用个人身体的力量和借助风力很容易将倾覆的救生筏扶正过来(如图 2-27 所示)。

图 2-27 救生筏扶正过程

(五)静水压力释放器

《LSA 规则》要求,具有自由漂浮功能的救生艇筏降落设备,在救生艇筏从存放地点脱开时应该是自动的。静水压力释放器是救生艇筏在自由漂浮释放过程中,借助静水压力自动解脱固定艇筏设施的脱开装置。目前在船上,除了自由降落式救生艇的降放设备具有自由漂浮功能外,静水压力释放器主要用在气胀式救生筏上。《LSA 规则》对于静水压力释放器做了基本的规定:

1. 为了防止静水压力释放器发生故障,制造时应该采用兼用材料。

2. 不得在静水压力释放器的部件上镀锌或其他形式的金属镀层。

3. 在水深不超过 4 m 处,应该能自动脱开。

4.在正常位置时,静水压力释放器的静水压室内应该设有泄水设施,以防止水的积聚产生压力。

5.静水压力释放器在构造上应该能够承受海浪的拍击,且不产生误脱开的动作。

（1）工作原理

静水压力释放器的主要工作原理是:在构造上设有一个气密的气室,气室的一边用橡胶膜片密封,另一边设有进水口。当船舶带着装有静水压力释放器的救生艇筏下沉时,海水很快地从进水口进入静水压室内,产生一定的水压力作用,使气室的橡胶膜片内凹,推动膜片轴向内缩,与吊重钩的杠杆支点分离。此时,吊重钩受救生艇筏体本身浮力的作用而旋转,导致挂重环脱离静水压力释放器,救生艇筏体借助本身的浮力离开存放位置,向上浮起,脱离难船,漂浮在海面上。

（2）静水压力释放器的种类

目前船上使用的静水压力释放器在结构上有多种形式,其自动释放的工作程序基本一样。而且大部分都有手动操作功能,即使没有手动的专门释放方式,也与快速脱钩装置连在一起,能够达到手动释放的功效。不同的手动操作释放方式的产品具有不同的特点。因此,除了产品的制造商、供应商明确静水压力释放器的规格代码之外,习惯上都用手动操作的方式来区分静水压力释放器。静水压力释放器的种类主要有下列5种。

①拉杆式

我国生产的静水压力释放器的主要结构形式就是拉杆式（如图2-28所示）,拉杆式手动操作方式简单,操作标示明确,在其结构表面有一个明显的拉杆,在进行手动操作时,只要将拉杆按照标示箭头逆时针方向转动90°,吊重钩就可以脱开。

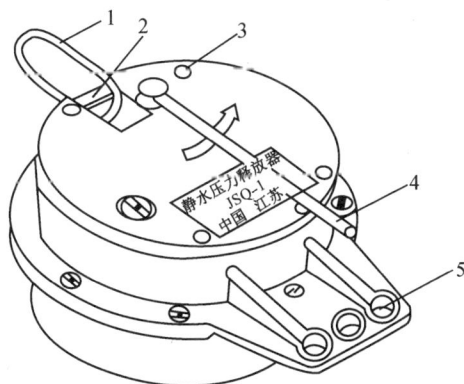

图2-28 拉杆式静水压力释放器示意图
1—吊重环;2—吊重钩;3—限位点;4—拉杆;5—按压环

②手揿式

在进行手动操作时,只要用手或者本身所附带的工具揿按释放器中心的膜片部位,就可以使其吊重钩脱开（如图2-29所示）。

③旋转式

在释放器的中部、吊重钩附近,安装了一个直接控制吊重钩的操作旋柄。在操作时,

图 2-29　手揿式静水压力释放器实物图

只要直接扳动旋柄,就可以使吊重钩脱开。

④自行调换式

自行调换式是一种特制的静水压力释放器,具有固定的使用期限,在临近最终使用期限前需要整体换新(如图 2-30 所示)。

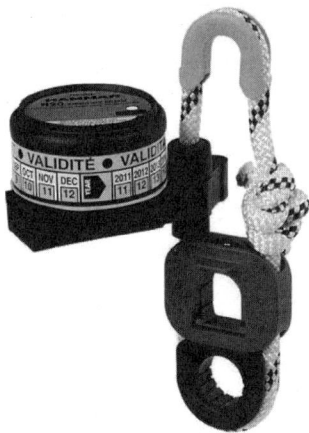

图 2-30　自行调换式静水压力释放器实物图

⑤拉环式

利用快速脱钩装置上的拉环,用手指直接拉出,即可使吊重钩快速脱开(如图 2-31 所示)。

(3)静水压力释放器的保养

①经常保证进水孔畅通,不得涂漆,防止堵塞。

②平时不得随意操作手动释放,也不得用力推动压力芯轴膜片,更不得用顶针顶推芯轴。

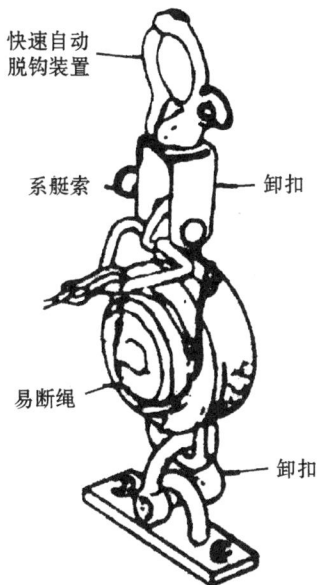

图 2-31　拉环式静水压力释放器示意图

③定期检查固定索具与释放器的连接,不得另加索具加固。固定索具要松紧合适,如有损坏应及时按原样更换。

④若在非正常使用范围内造成释放器的起动,应该立即进行各设施的复位操作,以保持释放器处于立即可用的状态。

⑤进行静水压力室膜片的复位操作:使用顶针(直径大约 3 mm)通过复位孔(复位孔在与释放器相连的,起着固定安装作用的器具后面,在释放器产品铭牌的下面,安装定位器具中间)将芯轴向内推移,将保险钩与吊钩分别恢复原位(处于正常固定状态)。

二、相关实操训练

1. 实操训练内容

(1)气胀式救生筏的降放及静水压力释放器操作的演示。

(2)倾覆气胀式救生筏的扶正。

2. 实操训练的目的和要求

实操训练的目的和要求是使受训学员掌握气胀式救生筏降放的要求;掌握静水压力释放器的操作使用特点;懂得救生筏扶正的操作要领,具备扶正倾覆救生筏的能力。

3. 实操训练的条件

具备可进行降放与回收操作的场地,需要如下:

(1)足够数量的救生衣。

(2)足够数量的安全帽。

(3)纱线手套 1 副/人。

(4)抛投式筏架及筏各 1 个。

(5)各类静水压力释放器各 5 个。

4. 实操训练的步骤

(1)集合学员,分组并进行课前安全教育。

（2）气胀式救生筏的手动模拟打开演示。

（3）静水压力释放器的工作原理演示。

（4）倾覆救生筏的扶正：

①协助实训指导老师将业已打开的气胀式救生筏拖到水中适当位置翻过来。

②实训指导老师进行筏的扶正技能、操作要点的讲解和示范。

③安排学员穿着救生衣进行实际扶正演练。

5. 实操训练的要点

（1）手动释放救生筏前，艏缆起动必须固定在船上。

（2）静水压力释放器应与易断绳有效连接。

（3）倾覆救生筏的扶正：

①扶正筏的人员必须穿救生衣。

②扶正之前应明确风向，将带钢瓶一侧拉至下风侧。

③扶正人员一旦被压在筏底，应明确从筏的两侧（相对于筏的进出口）潜游出水。

6. 实操训练的注意事项

（1）必须听从实训指导老师的安排或指挥。

（2）爱护救生筏和静水压力释放器，不随意拨弄。

（3）救生筏扶正时，密切注意压至筏底的操作人员，做好应急准备。

（4）做好教学总结和设备使用记录。

知识拓展

一、不利环境中救生艇的降放与回收

在恶劣的条件下（或大风浪中）进行降放与回收救生艇、救助艇，是一项十分困难的特殊操作。操作不当是很容易发生事故的，因此，平时应该遵照演习规定，加强训练、演习，提高操作技能。保证在恶劣的情况下，能顺利地进行救生艇、救助艇的降放与回收操作。

1. 在大风浪中降放救生艇的操作

（1）船长操纵船舶使风舷角在 30°～40°，船舶减速，以能够维持舵效的航速为宜；把定航向，将放艇的一舷作为下风舷；必要时使用镇浪油。

（2）减少救生艇晃荡与船体的碰撞，可以在艇舷与船舷之间安装碰垫；同时在两端吊艇索上加固止荡索，以减轻晃荡的幅度；艇员也可以使用艇篙抵撑。

（3）随艇下的人员登艇后，可以在艇与船之间拉两根绳索，作临时扶手绳用，以保证艇员登艇时的安全。人员登艇后，立即解脱临时扶手绳，将艇首、尾缆绳带好。

（4）放艇操作时，以稳为主，确保安全。选择大浪过后，海面相对平稳，船体摇摆相对减轻的时机将艇降放入水。艇入水前应该将艇机起动，艇入水时应该将艇降落在波峰上。

（5）艇入水后，立即松开所加围的止荡索，在浪谷中解脱吊艇钩；如果不能同时解脱两个吊艇钩，可以先解脱艇尾吊钩，再解脱艇首吊钩；实在无法解脱，可以使用太平斧砍断

吊艇索。

（6）吊艇钩解脱后，进车。用外舷舵解脱缆绳，驶离大船。驶离时注意安全，避免艇上人员与吊艇钩，艇与船体发生碰撞。

2. 在大风浪中回收救生艇的操作

（1）船舶将回收救生艇的舷侧作为下风舷侧，船舶减速，以维持舵效的速度为宜；备好碰垫以减缓艇体与船体的碰撞。

（2）收艇的船舶把定航向，将吊艇索降放到水面适当高度，再从艇首、尾方向送出两根缆绳。

（3）艇上人员操艇到艇首缆起动位置，带好艇首、尾缆绳，借助缆绳将艇慢慢操纵到两吊艇钩下方。

（4）松放吊艇钩，艇内人员应该争取同时挂好首、尾吊钩，最好选择在大船由倾斜一舷恢复至正浮时迅速挂钩，尽快在大船向另一舷横倾时起动吊艇机将艇吊离水面，直至将艇完全归位并固定好。

3. 在船舶不利纵倾并向任一舷横倾 20°时降放救生艇的操作

《SOLAS 公约》规定，在船舶不利纵倾并向任一舷横倾 20°时，救生艇也能安全降放。但是在这种困难的条件下，进行降放操作是不容易的，尤其是在船舶空载时就更困难了。为此，必须在正常操作的基础上再采取一些措施，以保证救生艇的安全降放。

（1）在船舶倾斜一舷降放救生艇的操作

在这种情况下降放艇后，艇与船舶的登艇甲板之间将产生较远的距离，艇员登艇将会非常困难。因此，放艇前应先安排两人登艇，在艇首、中、尾的合适位置上系好收紧索，当艇降放至接近艇甲板时，船上人员用力拉收紧索，使艇靠近船舷，系牢收紧索，船上人员依次登艇后，将收紧索解开，慢慢松放至吊艇钩的铅垂线下，再将艇降放至水面。

（2）在船舶倾斜的另一舷降放救生艇的操作

在船舶倾斜的另一舷降放艇，艇体在降放过程中始终与船体接触摩擦，如果操作不当，或者船上有伸出物件，将会有使艇倾覆的危险。因此，在艇靠近船舷的一侧，距艇的首、尾约 1/4 艇长处，预先设置好艇滑板，借助艇滑板沿着大船舷侧进行降放。在降放操作时，一定要控制艇的下降速度，慢慢地降放，使吊艇索始终处于受力的状态，直至将艇轻松放入水中。

二、船舶应急的集结登乘场所与设施

在船舶发生海难事故，船长决定弃船，发出弃船求生的命令后，全体船上人员要按照所定的路线迅速地向救生艇筏存放的场所集中，为了方便广大船员进行降放救生艇筏的操作，使船上人员能迅速地登上救生艇筏，加快脱离难船的时间，相互不影响操作，在救生艇筏存放场所必须建立相对无障碍的集结场所。《SOLAS 公约》也对救生艇筏的集合与登乘做了规定。

1. 人员集结、登乘场所的一般要求

（1）救生艇筏存放的场所应该尽可能靠近居住场所和工作场所。

（2）人员集结（如图 2-32 所示）的场所应该设在尽可能靠近登乘站的地方。

（3）集合的场所（集结站）和登乘站应该设在船上人员从居住场所和工作场所都容易

图 2-32　弃船逃生时人员集结

到达的地方。

（4）每个集合的地方都应该设在救生艇筏甲板上无障碍的场所，人均面积至少0.35 m²，以方便于容纳指定在该场所集合的全体人员。

（5）通往集合场所的通道、楼梯和出入口应该设有应急照明。应急照明的时间：货船上不少于18 h，客滚船上不少于36 h；登乘站、集合场所及舷侧的应急照明时间：货船上不少于3 h，客滚船上不少于36 h。

（6）通往集结场所和登乘站的所有通道路线都应该设有符合要求的、明显的符号标志。

（7）要求集合场所和登乘站能够方便将伤病员用担架抬进救生艇筏的操作。

（8）自由降落式救生艇应该能够从救生艇的降放位置直接登乘。

2. 脱险通道

脱险通道是提供船上人员在船舶发生海难时，能够安全迅速地向登乘救生艇筏的集结场所撤离的通道。脱险通道主要包括走廊、梯道、梯子、门及应急照明、应急标志等。脱险通道必须保持安全、无障碍物、标志清晰、容易到达、适合紧急情况使用的状态。主要要求如下：

（1）船舶所有的处所必须设有两条彼此远离，并随时可用的独立通向救生艇筏的集结、登乘场所的脱险通道。

（2）脱险通道应该有足够的宽度，方便船上人员在情况紧急时能够快速撤离而不造成拥挤。

（3）脱险通道应该设立栏杆或类似的防护设施，以确保船上人员在撤离时的安全。

（4）电梯不能作为脱险通道，长度超过7 m，有一端不通的走廊也不能作为脱险通道。

（5）脱险通道的梯子应该是钢质的，通道的门应该向着逃生方向打开，或者两面都能打开。

（6）除了正常要求配备应急照明的位置外，在脱险通道的全线和距甲板高度不超过0.3 m处，应该布置照明或反光条指示标志。

3. 登乘设施

（1）登乘梯

登乘梯是指设置在救生艇筏的集结和登乘场所，供船上人员安全登乘已经降落下水的救生艇筏的梯子(如图 2-33 所示)。

①沿船舷降落的救生艇筏,其登乘场所应该设置一个符合要求的登乘梯,登乘梯的长度应该在船舶最小吃水并在船舶纵倾 10°并向任一舷横倾 20°时,从登乘站到达水面的长度。

②登乘梯是在船舶发生紧急情况时,从登乘甲板通向降放到水面的救生艇筏的应急通道,是为了便于船上人员安全、迅速地脱离难船而设立的必备设施。

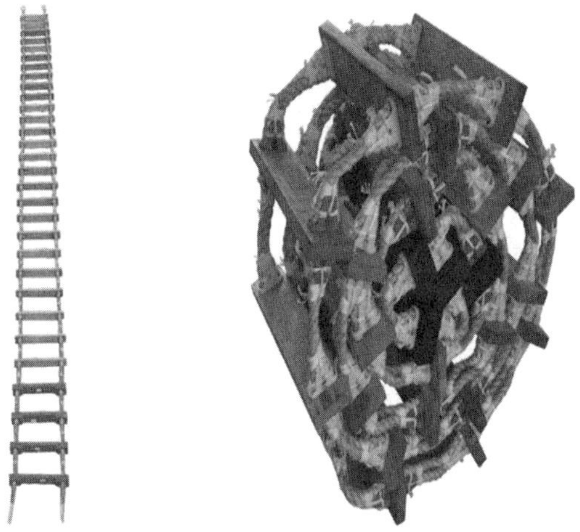

图 2-33　登乘梯实物图

③为了确保登梯人员的安全,从甲板到登乘梯顶部之间应该设有扶手。

④登乘梯的踏板应该选用无疤节,外形平整的硬质木,加工成平滑而且无锐利棱边,或采用其他等效性质的材料制成。

⑤踏板应该具有有效的防滑表面(不计防滑表面),踏板的长度不少于 480 mm,宽度不少于 115 mm,厚度不少于 25 mm。

⑥两踏板的间距不少于 300 mm,也不大于 380 mm,各间距相等并保持水平状态。

⑦登乘梯每边的边绳应该由两根绳长不少于 65 mm 的裸露的白棕绳组成,每根边绳应该为整根而无接头,所有绳端应该扎牢防止松散。

(2)海上撤离系统

海上撤离系统(Marine Evacuation System,MES)是指将人员从船舶登乘甲板迅速转移到漂浮救生艇筏上的设备(如图 2-34 所示)。它是为了船上人员(包括各种年龄、身材和体质的人员)在船舶发生海难事故时,能够迅速地从登乘地点到达漂浮平台或救生艇筏上的安全通道。海上撤离系统加快了船上人员撤离难船的时间,保证了人员的安全,避免了人员入水的危险。使用海上撤离系统的人员必须穿着救生衣。目前,海船上使用的海上撤离系统,在滑道的结构上主要有三种结构形式:分别是直通滑梯式、螺旋滑梯式和"之"字形滑梯式。结构形式的不同,主要是根据滑梯的高低距离不同;采取折曲滑行是为了控制下滑人员的滑行速度。另外,为了减少下滑时加速度对滑行人员的影响,在一些滑梯上设有全封闭封套,形成一个圆筒状封闭式滑梯。海上撤离系统一般是由尼龙橡胶布制成,通常由三部分连接在一起,分别是上部的入口(登乘)踏台、中部的滑梯、底部的漂浮平台(登筏平台),海上撤离系统是提供给集结的人员登乘救生艇筏所使用的气胀式救生设备。平时盛装在专门的容器中,存放在指定的位置。

图 2-34 海上撤离系统实物图

《LSA 规则》对海上撤离系统的性能提出了相应的要求:

①在应急使用时,由一个人就可以进行布放操作。

②在客船上,发出弃船信号后 30 min 内,能够从船上撤离到气胀式救生筏上;在货船上,10 min 内能够撤离。

③能够在船舶纵倾 10°并向任一舷横倾 20°时,从船上布放。

④能够在蒲氏风级 6 级的海况下布放,并能达到安全的撤离效果。

⑤在结冰的情况下,仍然能够保持有效的布放和撤离。

⑥尽可能布置在能安全降落的位置,能从船舷平直的部位下水。

(3)救生索

《SOLAS 公约》要求,配有部分封闭式救生艇的吊艇架横张索上至少应设有两根救生索。救生索通常由具有足够强度的裸露的白棕绳制成,其长度应该在船舶最小吃水并向任一舷横倾 20°时,能达水面。在每根救生索上,每隔间距大约 50 cm 便设有一个编制而成的救生索结,主要是为了在收放救生艇时,为随艇而下的人员提供把握。另外,在情况紧急时,也可以供船员借助于救生索手握脚攀上下救生艇使用。

4. 人员的集结与登乘

若船舶发生海难事故,船长发出弃船求生信号后,船上人员能及时集结,顺利地登乘救生艇筏,为海上求生提供了有力的保障。

(1)船上人员的集结

船员在船上无论什么时间、地点、处于什么状态,当听到弃船警报信号后,应该立即穿好救生衣(或者携带好救生衣),做好必要的海上个人求生的准备,执行应变部署表分工的职责,按照平时演习熟悉的、最近的逃生路线,争取在最短的时间内到达指定的集结场所。

在集结的过程中,集结人员一定要争取做到沉着冷静,忙而不乱,服从指挥,尽自己最大的努力,履行好弃船求生时个人的职责。做好必要的工作,也做好相应的心理准备,顺利地完成好弃船求生的第一步工作。

（2）船上人员的登乘

登乘是指借助相关工具攀上或攀下,登上救生艇筏或其他救生设备的技能,也可以指从集结甲板直接登乘上救生工具。上高或下低是广大船员必须掌握的一项操作技能。在攀登时,要做到心不慌,手、腿不抖,迅速、安全、稳重地上或下至救生艇筏内。登乘时应注意以下几个方面。

①在集结的甲板上直接登上救生艇筏

当救生艇筏抛出舷外,或者是自由降落式救生艇已经做好一切降放的准备工作,打开了艇尾门时,全体人员应该服从指挥,按照演习时的顺序,迅速登乘上救生艇筏。登乘时一定要注意安全,不要抢着登乘,需要扶握的地方一定要把握住扶手,脚底不要踏空。登乘气胀式救生筏时,还要注意不要将锋利的物件带进筏内,必要时将所穿的硬底鞋脱掉。在应急时,时间就是生命,节省了登乘时间,就为加快脱离难船,为下一步海上求生打下了有利的基础。

②借用登乘梯登乘救生艇筏

当救生艇直接降落到水面,或者抛投式气胀救生筏已经在水面上充胀成型,船员借助救生艇筏的缆绳,将艇筏拉到船舷旁登乘梯的底边,同时将存放在集结场所的登乘梯正确地安放并固定好,船上人员则按照顺序借助登乘梯依次登上救生艇筏。

在攀登梯子时,要注意不能同时多人超负荷地攀扶梯子,以免产生危险。登乘梯是软绳梯,在攀扶时手要握牢扶手绳,脚要踏稳踏板,手脚交替操作,依次逐级的快速攀扶梯子,绝不能在梯子上半路撒手跳向救生艇筏。当梯子上同时有两个以上的人员时,在梯子上面的人一定要注意下面人员的安全。在攀扶登乘梯时,要有专人指挥,在梯子的上、下两端要有专人协助,以保证人员安全、迅速地登乘艇筏。

③利用海上撤离系统登乘救生艇筏

海上撤离系统是海船上配备的登乘设施之一,目前,重点要求配备在客滚船（及一些高干舷的船舶）上。在应急时,布放操作完毕后,海上撤离系统充胀成型。这时应该首先安排一名有经验的船员到漂浮平台（登筏平台）上,检查平台是否有破漏撒气和进水的部位;平台上有关人员安全滑落,连接救生筏的索具,检查平台上配备的其他专用设施是否安全正常,操纵锚索控制或相对稳定平台的位置。确认后,将准备登乘的气胀式救生筏充胀成型,操纵到平台附近让各人员登乘。检查和准备工作完成后,分别在滑道的入口、出口及平台上,安排经过训练的有经验的船员指挥或疏导船上其他人员利用海上撤离系统登上救生艇筏。进入滑梯的人员要穿好救生衣,两腿并拢,两手抱头,头朝上、脚向下顺势滑下。

利用海上撤离系统登乘救生艇筏是一项特殊操作,指挥、疏导人员要经过专门训练,其中应特别注意:

a. 在入口的指挥人员:首先,先要疏导人员依次进入滑道,注意进入滑道人员的动作姿势,保证人员的安全。控制进入滑道人员的速度和两人之间的时间间隔,避免人员在出口处相撞;其次,还要边指挥边指导滑道人员进入滑道的动作,安抚有胆怯心理人员的情绪,说明进入滑梯操作的安全性和必要性,掌握其整体动作的快速和安全。

b. 在出口的疏导人员:要指挥、引导在出口出现的人员立即撤离出口,防止人员集中堵塞在出口处,避免与依次从滑梯下来的人员的相撞;协助妇女儿童、老弱病残人员离开出口;与在入口指挥的人员保持密切的联系,协调滑落人员的时间间隔,保证全体人员安全、迅速地撤离。

c. 在平台的其他疏导人员:要及时地将在滑梯出口出现的人员引离出口,引导到需要登乘的救生筏边,协助和指导人员登上救生筏。掌握每个救生筏的额定成员和已经登入筏内的人员数量,救生筏满员后协助筏内人员将筏与登筏平台分离,再将旁边另一个待乘的救生筏系结到平台旁。在疏导时,如果有多个救生筏等待人员登乘,要避免平台上登筏的人员交叉相碰,要事先做好计划,确定一个顺序,执行时既要按照顺序疏导,又要灵活掌握,以快速、安全为基础。进入救生筏的人员同样要有专人负责引导和安排,离开平台的救生筏由救生艇或者救助艇拖带离开难船一段距离,进行海上求生。

d. 利用救生索登乘救生艇筏

在船舶发生海难事故时,船上人员尽可能采取从集结的场所直接登上救生艇筏,或者利用登乘梯、海上撤离系统登乘艇筏。利用救生索登乘救生艇筏需要一定的体力,在登乘时,两手要握住救生索,两脚要在救生索结上,两手交替向下把握绳索,两脚逐级向下登牢救生索结,直到登乘救生艇筏(如图 2-35 所示)。绝不可以在半空中跳下来,这样容易造成伤害,或者引起其他事故。在利用其他绳索登乘时,在没有做好准备的情况下,绝不可以直接从绳索上滑下来,避免受到伤害。可以采取两手交替握住绳索,两脚交错盘住绳索,手脚交替、协调地向下运动,争取快一些到达救生艇筏。在利用救生索和其他绳索登乘时,一定要注意考虑绳索的强度,不要多人同时出现在绳索上,以免发生意外。

(3)登乘的秩序与顺序

在弃船求生的信号发出后,维持良好的秩序是保障弃船求生、顺利登上救生艇筏的有利条件。船长有责任维护全船的秩序,其他的高级船员有责任维护普通船员的秩序,船员有责任维护全体旅客的秩序。要想紧急时不出现混乱现象,必须做好应急计划,平时加强演习训练,认真地做好每一个环节,增强广大船员应急应变的素质,尽可能避免出现大的漏洞,以确保紧急时的安全、顺利。船员听到弃船求生的信号后,要按照应变部署的分工,做好自己担当的工作,忙而不乱,服从指挥。通常登上救生艇筏的顺序是:先旅客,后船员,最后是船长;妇女儿童优先,伤病员优先。

由于自由降落式救生艇的特殊存放状态,进入自由降落艇的次序也有特殊的要求,要事先确定每一个艇员座位的位置。在进入艇内时,要根据每一个艇员座位的不同,按照下列次序进入艇内:先艇首、后艇尾;先外侧、后内侧;先左舷、后右舷;艇长最后进入艇内。登艇人员应该从艇尾门倒着进入艇内,入座后,面向艇尾坐好,并使用安全带将自己固定在座位上。进入救生筏后,要按照从右向左的次序,面向筏的中央,依次在筏的四周坐好;如果是大风浪天气,坐好的人员还要用手拉住救生筏内侧的扶手绳,保持身体的稳定性。

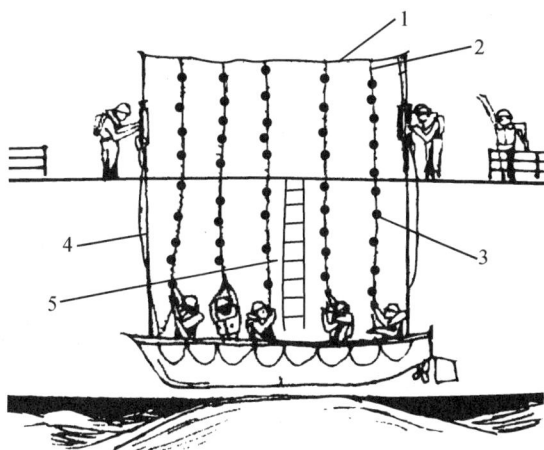

图 2-35 利用救生索登乘救生艇筏示意图
1—横张索；2—救生索；3—救生索结；4—吊艇索；5—登乘梯

如果救生筏是具有扶正功能的，进入座位的人员，还要使用救生筏内侧的扶手绳将身体固定在座位上，以保证人员的稳固。绝不可以在弃船求生时，盲目地选择直接跳水。特别是从 5 m 以上的高处跳水，更不可取。

三、救生艇降放装置的一般要求

《SOLAS 公约》《LSA 规则》及我国的《海船救生设备规范》都对救生艇的降落与回收装置做出了具体的要求。

1. 降落与回收装置的一般要求

（1）降落设备必须使船舶在任何装载情况下或在救生艇载足全部额定乘员和属具或救生艇空载时，都能依靠救生艇本身的重力，安全降落。

（2）降落设备的布置应该能够在船舶不利纵倾 10°并向任一舷横倾 20°的情况下，将满载的救生艇安全降放。

（3）油船、化学品液货船和气体运输船按照《MARPOL 公约》的规定和国际海事组织建议，在计算的最终横倾角超过 20°时，其救生艇的降落设备应该能在较低的一舷进行降放操作。

（4）降落设备的构造应该简单，并且能够在最少的日常维护保养的情况下，就能保证处于良好的技术状态。需要船员定期保养的部位应该方便、容易地进行。

（5）降落设备的机械装置应该能由一人在船舶的甲板上或救生艇内的某一位置进行操作。

（6）每具降落设备都应该在构造和质量上达到一定的标准，尽可能使其设备在结冰的情况下也能够有效操作。

（7）降落设备应该能够收回载有进行收艇操作艇员的救生艇。

（8）降落设备的布置应该能使客船的全部乘员迅速登上救生艇，货船上的全部乘员在发出登艇指令后 3 min 内登艇完毕，也能迅速离艇。

（9）吊艇索应该是防旋转、耐腐蚀的钢丝索，其长度应该在船舶纵倾 10°并向任何一舷横倾 20°时,使救生艇能够降放至海面。

(10)降落设备的结构构件和一切用作连接构件的配件及紧固件,要根据设备和配件的最大工作负荷及所使用材料的最大强度选用一个安全系数:构件的最小安全系数为 4.5;吊艇索、吊艇链、链环和滑车的最小安全系数为 6。

(11)降落设备的强度,应该大于最大工作负荷的静负荷试验的 2.2 倍。

(12)降落设备绞车的制动器应该有足够的强度,能够经受大于最大工作负荷的静负荷试验的 1.5 倍,大于最大工作负荷的 1.1 倍;也能经受在最大下降速度时的动负荷试验。

(13)应该设有有效的手动回收艇装置,在使用动力吊起救生艇和降放救生艇操作时,绞车的转动不能够使手动装置的手柄旋转。

(14)降落设备的制动器,应该使满载的救生艇在降落过程中能够刹住并可靠地系留住。

(15)使用动力回收救生艇时,应该设有安全限位装置,在吊艇架的吊臂回归到合适位置之前,安全限位装置应该能够自动地切断动力,以便于保护吊艇索、吊艇架和电动机,避免其受到过度的应力。

(16)手控制动器在非操作状态下,应该始终处于制动状态。

(17)满载救生艇的降落速度应该至少满足下列公式的计算所得

$$S = 0.4 + 0.02H$$

式中,S 为下降速度,m/s;H 为从吊艇架顶部到船舶最轻载水线的距离,m。

(18)每艘救生艇都应配有一套能够进行降落和回收操作的设备。每一艘船舶所配备的降落设备规格型号都应该相同。

(19)每个降落设备都应该不影响其他降落设备的降放操作,并且在准备和降放过程中,有符合要求的应急照明系统进行照明。

(20)半封闭式救生艇配备的降放装置,应该装设吊艇架横张索,在横张索上至少应该设有 2 根足够长度的救生索。

(21)2 万总吨及以上的货船,所配备的救生艇应该能够在船舶于静水中航速为 5 kn时降落水面,必要时可以借助救生艇的艉缆起动。

2. 自由降落式救生艇降落设备的要求

自由降落式救生艇的降落设备应该首先满足一般救生艇降落设备的要求。除此之外,还应该满足下列要求:

(1)自由降落设备应该与所配备的救生艇作为一个系统来进行操作,以保护艇内乘员。在船舶纵倾 10°并向任何一舷横倾 20°时,救生艇能从核准高度降落到水面。

(2)自由降落设备的布置,应该能使艇内的乘员免受艇在降落过程中所产生的加速度的影响。

(3)自由降落设备应该是具有足够斜角和长度的刚性结构,以保证救生艇能够有效地离开船舶。

(4)自由降落的设备应该有有效的防腐蚀保护,能够避免救生艇在降落过程中产生摩擦和碰击火花。

（5）自由降落设备的布置,应该能够防止救生艇意外脱开。

（6）自由降落设备脱开机构,应该是只能在艇内操纵的两个独立的操作系统,以便于安全降放救生艇。

（7）自由降落设备,应该能在不降放救生艇的情况下,试验释放脱钩装置。

（8）自由降落设备所存放的救生艇应该处于准备降落的位置,其降落的最大距离,不能超过救生艇核准的自由降落最大高度。

（9）自由降落设备应该使救生艇在满载时,船舶纵倾10°并向任一舷横倾20°时,在核准高度的情况下降落入水后,能够使艇立即向艇首方向前进,并不与船舶发生碰撞。

（10）自由降落设备应该配备利用吊艇索降放救生艇的辅助设施,其设施应该符合一般降落设备的要求,能在船舶纵倾2°并向任一舷横倾5°时降落救生艇。

（11）辅助降落方式应该配备至少一个具有协助救生艇脱钩能力的设施。

（12）辅助降落设施如果不是依靠重力降放,该设备应该连接船舶的主电源和应急电源。

四、救生艇的存放要求

1. 救生艇存放的一般要求

（1）每艘救生艇的存放应：

①救生艇及其存放装置,均不应妨碍存放在任何其他降落站的任何其他救生艇筏或救助艇的操作。

②在安全可行的情况下,尽可能靠近水面,其登乘地点在船舶满载时纵倾至10°和任何一舷横倾至20°或横倾至船舶露天甲板的边缘侵入水中的角度（取小者）的不利情况下,应离水线以上至少2 m。

③处在持续的使用准备状态,2名艇员能在不到5 min内完成登乘和降落的准备工作。

④救生艇应装备齐全。

⑤在切实可行的情况下,位于安全并有遮蔽的地方,并加以保护免受火灾和爆炸引起的损坏,尤其是油船上的救生艇,不应存放在货油舱、污油舱或其他含有爆炸性或危险性货物舱的上方。

（2）顺船舷降落的救生艇都应存放在推进器（Propeller）之前尽量远的地方。在船长为80 m及以上但少于120 m的货船上,每艘救生艇应存放在使救生艇尾端在推进器之前不少于该救生艇长度的地方;在船长为120 m及以上的货船上与80 m及以上的客船上,每艘救生艇应存放在使救生艇尾端在推进器之前不少于1.5倍救生艇长度的地方。如合适,船舶的布置应对处在存放位置的救生艇加以保护,使其免受巨浪引起的损坏。

（3）救生艇存放时应附连其降落设备。

2. 客船上救生艇存放的附加要求

客船上救生艇的存放高度应考虑到救生艇存放高度的一般要求,并且满足脱险通道的规定,船舶的尺度以及在拟定营运的海区可能遭遇的气象状况。

对于采用吊架降落的救生艇来说,从其登乘位置的吊架顶部至最轻载航线水线之间的高度,应尽可能不超过15 m。

五、救助艇的存放要求

1. 救助艇在船上应该始终保持准备使用状态,要求在不到 5 min 的时间内,能够降落入水。

2. 救助艇的存放位置应该不影响其他救生设备的操作使用。

3. 救助艇应该存放在便于降落和回收的位置。

4. 如果是救生艇兼作救助艇的,其存放位置还应该符合救生艇存放的要求。

六、救生艇筏降放装置的检查与保养

《SOLAS 公约》要求降放装置要结构简单,维修保养方便。要使降放装置始终保持良好的技术状态,必须进行有计划的周期性的维护保养工作。

1. 要建立周期性的检查保养计划,并且要求切实遵照执行。

2. 每周要对释放装置进行一次外部验视检查,对任何有疑问的部位都要进行进一步的操作检查。

3. 每个航次都要对释放装置的活络部位进行加油润滑,保持降放装置的有效操作。

4. 每个月在进行救生艇降放演习时,都要注意全面检查降放装置的活络部位和操作设施,看是否处于良好的技术状态,必要时要对其进行维修保养。

5. 每个月都要对自由降落艇的挂钩部位进行加油活络,对脱钩部位进行脱钩的实效检查。

6. 每个月都要检查吊艇索在滚筒上排列是否整齐,杜绝钢丝在滚筒上相互挤压绞缠。

7. 每个月都要检查吊艇索是否有压扁、扭曲变形的情况,是否在 10 倍直径的长度范围内有 5% 的断丝,如果发现有上述任何一种状况都应该尽快更换。

8. 每 6 个月要对降放装置进行一次全面的除锈涂漆保养工作。

9. 吊艇索两端不超过 30 个月的时间间隔对调使用一次,不超过 5 年的时间间隔换新一次。

10. 静水压力释放器每隔 12 个月进行一次检修,可以自行调换的静水压力释放器,要按照设施的使用期限进行调换。

11. 降放装置在不超过 5 年的时间间隔内,必须进行全面的检修,并按照要求做必要的试验。

课后思考

1. 船舶上配备哪些种类的吊艇架?

2. 自由降落式吊艇架主要由哪些设施构成?其主要作用是什么?

3. 重力式吊艇架的降放与回收过程是怎样的?

4. 自由降落式救生艇的降放与回收过程是怎样的?

5. 机械吊放式救生筏的降放步骤有哪些?

6. 气胀式救生筏自动漂浮的原理是什么?

7. 重力式救生艇脱钩装置中负载和非负载脱钩的含义是什么?

8. 在救生艇脱钩操作中,如何减少人为失误?

项目资源

资源类别	资源编号/名称	资源描述	二维码
视频资源	VD2-1 重力式救生艇的降放与回收	5 分 36 秒	
	VD2-2 自由降落式救生艇的降放与回收	6 分 41 秒	
	VD2-3 救助艇	9 分 8 秒	
	VD2-4 重力式救生艇负载与非负载脱钩	10 分 15 秒	
	VD2-5 可吊式救生筏、海上撤离系统与抛投式释放救生筏	24 分 57 秒	
	VD2-6 气胀式救生筏的自动漂浮原理	2 分 13 秒	
章节练习	救生艇筏的降放与回收章节测试	共 15 题,每题 2 分,满分 30 分,5 min 内完成	

续表

资源类别	资源编号/名称	资源描述	二维码
阶段练习	救生艇筏、救助艇基本知识和艇筏降放与回收阶段测试	共50题,每题2分,满分10分,30 min内完成	

◆ 项目三　救生艇筏的操作与管理

项目描述

　　海船船员在海上最安全的工作场所、生活环境都是船舶。即使发生海难事故,船舶也是最好的救生设备。因此,只要可能的话,绝不可以轻易地离开船舶。海上求生,救生艇筏的作用不可低估。对于一支训练有素的船员团队,救生艇筏除了需要日常的维修保养管理,保持其处于良好的技术状态外,还需要在一定的时间周期内,组织相关人员进行定期操作训练和有效管理,以便于在海难事故发生后,广大船员能够做到临危不乱、服从指挥,正确迅速地进行应急应变的操作。在船舶发生海难事故时,船长发出弃船求生的信号,船上人员撤离难船,登上救生艇筏后,也同样面临着一项非常重要的组织管理工作。这项管理工作做得好坏,将直接影响到海上求生能否成功。因此,需要船员在日常工作中做好必要的学习,提高心理上的承受能力,实现经验上的积累。特别是高级船员,必须要引起高度的重视。

　　海上求生的过程是艰苦的,当求生者或遇难船舶被搜寻救助船舶或飞机发现后,海上求生者将面临海上求生的最后一个环节即海上救助,了解和掌握海上救助知识,有利于海上求生人员及早地、安全地脱离风险,直至获救。

一、知识要求

　　(1)了解和掌握机动艇的基本结构和性能要求。

　　(2)漂流待救时,救生艇筏上人员的管理及属具的管理。

　　(3)海锚的基本构造和作用。

　　(4)日常救生艇筏的维修保养知识。

(5)船舶救助和直升机救助的基本知识及其注意事项。

二、技能要求

(1)能熟练运用机动艇包括救助艇进行水上操作。

(2)能熟练运用非机动艇进行水上操作。

(3)正确使用海锚及操作各类遇险求救视觉信号。

(4)能够根据维修保养计划对艇筏进行常规保养。

三、素质要求

(1)海上求生过程中应具备良好的心理素质。

(2)弃船逃生时能正确把握时机,撤离时要有序、具备团队意识和大局意识。

(3)应急逃生时,高级船员应具备领导力、号召力、团结力。

项目实施

任务一　机动艇的操作

一、相关知识

(一)救生艇的推进装置及操作

救生艇的推进装置通常是由压燃式四冲程柴油机来提供原动力的(如图 3-1 所示)。柴油机通过齿轮减速箱来控制艇的进车、倒车、停车,经过艇轴传递到螺旋桨,使其正、反旋转,达到使艇前进、后退或减速。

救生艇的驱动设备——柴油机主要是通过五个系统的构造来达到起动和持续运转功效的。这五个系统的简单构造和工作原理是:

1. 进、排气系统(Supply & Exhaust system)

进气系统是将新鲜空气通过空气滤清器后,送到进气管,经过进气门进入汽缸起到助燃的效果。排气系统是将燃烧后的废气通过排气门、排气(烟)管排出机体外的大气中。

2. 冷却系统(Cooling system)

救生艇用柴油机的冷却系统是开式冷却,借助海水直接冷却机器。通过冷却水泵将海水由海底阀吸入冷却水管,进入冷却水泵,转入滑油冷却器,然后进入缸套,转入汽缸头冷却,最后由排水管(与排气管共用)排出艇体外。

3. 润滑系统(Lubrication system)

艇机的润滑方式为复合润滑(强制加飞溅),其润滑的过程主要是润滑油由油底壳进

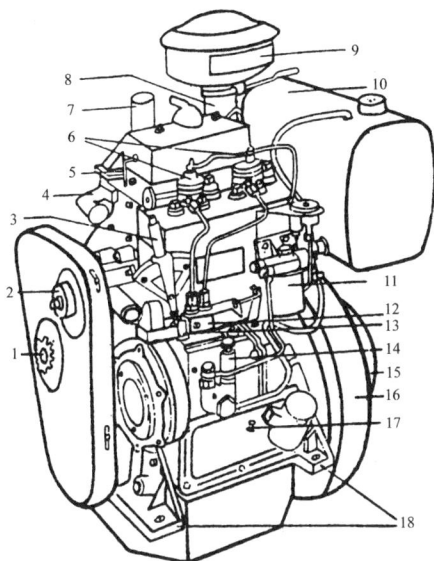

图 3-1　艇用柴油机示意图

1—充电发电机;2—冷却水进口;3—调速手柄;4—冷却水出口;5—减压阀;6—喷油器;7—排烟管;8—进排气管;9—空气滤清器;10—燃油器;11—燃油滤清器;12—喷油泵;13—停车手柄;14—手动油泵;15—调速器;16—惯性轮;17—测机油标尺;18—底座

入滑油泵,转入滑油滤器,进入滑油冷却器,然后至各润滑部位,最后回到油底壳。

4. 燃油系统(Fuel system)

艇机的燃油系统主要由燃油箱作为供油基地,借助输油泵使燃油通过油箱阀由供油管进入进油管,经过燃油滤清器过滤,再输入出油管系,进入高压油泵加压,转入高压油路,到达喷油器,进入汽缸汽化燃烧。

5. 起动系统(Starting system)

按照《SOLAS 公约》的要求,救生艇机应该设有两个独立的自动起动系统;或者设有一个人力手摇起动系统,将艇机处于减压后,通过人力手摇柄的快速转动,达到将艇机点燃起动的目的,另一个是电动起动(自动起动),是在艇机减压状态下,借助蓄电池电源作为动力,将起动机带动,使艇机点火起动。

(二)救生艇推进装置的起动操作

1. 起动前的检查和准备工作

(1)检查燃油是否足够,抽出油箱标尺,查看标尺上油浸的高度。

(2)检查滑油是否符合要求,抽出标尺,机油在标尺两刻度之间为正常。

(3)打开供机器冷却水的海底阀。

(4)打开油箱阀,保证供油。

(5)接通电起动按钮与蓄电池之间的线路,接线应该正负极连接正确、牢固。

(6)确认离合器手柄处于停车位置,调速器手柄(油门手柄)处于中间位置。

(7)将减压阀(手柄)置于减压位置,盘车,使艇机的活动部位运转一下,确认是否正常。

2. 起动操作

（1）电起动：按下（或转动）点火开关，待艇机转速增高，将减压手柄（阀）扳至工作位置，确认起动后立即将点火开关松开。如果起动不能完成，应该等待艇机处于完全静止状态后，再进行第二次起动操作。点火开关松开后，不允许立即接通。起动机每次工作时间不应该超过 5 s，间隔时间不少于 20 s。

（2）手摇起动：装上手摇柄用力转动柴油机，待艇机转速增高后，立即将减压手柄扳至工作位置，这时手摇起动仍然持续转动，不可以中断，待机器起动后抽出手柄即可。

3. 艇机不能起动的常见原因及处理办法

设施设备基本完备，起动操作正确，艇机却不能正常起动，常见的故障及处理方法如下：

（1）燃油系统进入了空气。机器上设有专门的放气螺钉，将此螺钉拧开，用手动泵将油路中的空气排出后，再拧紧螺钉重新起动。

（2）喷油嘴不喷油。检查燃油滤清器或燃油系统是否堵塞，燃油中是否有水。

（3）压缩不够。进气、排气阀或缸内活塞密封不好。

（4）环境温度低。机体较凉，可以使用冷起动液或对机体加温。使用冷起动液时，在进气管上方的油杯内加入 2~3 g 冷起动液。现在某些艇机具有进气火焰预热功能，如江苏四洋柴油机 380J-3 型，低温起动时，将起动开关逆时针旋转到预热位置，预热 25 s 左右，再按程序起动艇机。

（5）燃油的标号与环境温度不符。可以采取换油的方法。

（三）救生艇推进装置运行时的主要操作

1. 艇机在起动后，刚开始航行时一定要低速运转 5~10 min，以达到对艇机逐渐润滑加热的效果，避免对艇机内部产生损伤。

2. 在低速运转时，注意核查仪表盘上的数据是否符合正常要求。

3. 注意检查高压油泵、曲拐箱和离合器的滑油变化量是否正常。

4. 检查冷却水的排出量、排烟的温度和排出量是否正常，如果不正常应该停车检查，排除异常后再继续航行。

5. 要经常注意曲拐箱道门缸体的温度，如果过热应该及时解决。

6. 艇在航行时要注意艇的周围是否有漂浮物，避免缠绕螺旋桨。

（四）救生艇推进装置停机时的主要操作

1. 正常停车前，要逐渐调节油门减少供油量，使机器的转速缓慢地降下来。通常慢速运转 2 min 后再进行完车操作，然后，将离合器操作手柄扳至"停车"位置。

2. "完车"后，关闭燃油阀，切断蓄电池主开关。

3. 若使用淡水冷却，如果气温低于 5 ℃时，必须将冷却水全部放掉（除非冷却水中已加入防冻液）。

（五）全封闭式救生艇推进装置的起动操作

全封闭式救生艇的主机起动系统，采用两套各自独立的电起动系统，电源是两组独立的蓄电池：其中一套为主起动系统，另一套为应急起动系统。艇内装有一个不锈钢燃油箱,其容量足够供应救生艇在载足全部额定乘员和属具时,在静水中以 6 kn 的航速持续航行不少于24 h。全封闭式救生艇主机起动操作的主要操作旋钮都设在驾驶台仪表盘上(如图3-2所示)。

图3-2　艇机驾驶台仪表盘

全封闭式救生艇主机起动步骤:

1. 打开电源开关,电源指示灯亮,提示器鸣响。

2. 将主机控制手柄(操纵手柄)放置空挡位置(即中间位置)。

3. 当环境温度较低时,起动开关先转至预热位置,预热指示灯亮,通常预热时间为25 s 左右。

4. 然后将起动开关转至起动"START"位置,主机起动。

5. 主机起动后,手立即松开起动开关,起动开关自动返回初始位置,指示灯灭,提示器鸣响停。

6. 在电池正常状态下,如果在15 s内主机不能起动,应松开起动开关,检查原因,排除故障后再起动。

7. 两次起动间隔时间不能少于15 s,以便于主机冷却,保护起动系统和主机运转。

8. 如果主起动电源不足,则更换第二组电源起动,更换时只需转动操作盘上另一电源开关即可,操作步骤相同。为提高起动效率,通常可将两组电源同时开启,然后进行艇机起动。

9. 主机起动后,指示灯仍未熄灭,应立即停止运转,寻找原因,故障排除后再次起动操作。

主机起动后,操纵主机控制手柄向前(或向后),使救生艇开始前进(或后退),先慢速运转操纵,同时,检查一下仪表盘及机器各部位是否正常,如果运转正常,再逐渐加速,以便于保证机器安全运行。如果救生艇操纵中需要正常停车,应该先将主机控制手柄操作置于空挡位置(中间位置),使主机空转约 2 min,以便于达到冷却机器的目的,再按停车旋钮停车。

(六)正确操作救生艇

正确地操纵救生艇,对于海上求生,战胜各种各样的困难,将起到一个积极的保障作用。救生艇操纵是每一位船员都必须掌握的航海专业技能。

1. 一般情况下的航行操纵

救生艇的正常航行,是指在正常情况下通过车(艇机)来控制救生艇,使其保持位置和进行位移;通过操作舵来保持航向和改变航向的航行(如图3-3所示)。

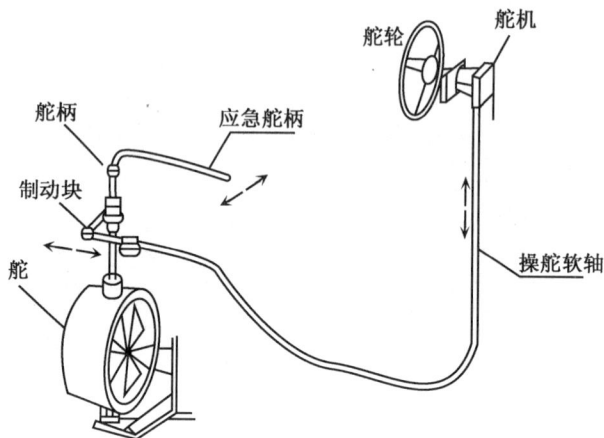

图3-3 救生艇的操舵系统布置图

(1)操舵口令及操舵

①正舵:舵工操舵使舵叶面与艇首尾线在一条直线上,导管舵的轴心线也与艇首尾线在一条直线上。

②右(左)舵一点:扳动舵轮(或操舵手柄)使舵叶面或导管舵的轴心线与艇的首尾线形成向右(左)10°左右的夹角。

③右(左)舵:操舵使舵叶面或导管舵的轴心线与艇首尾线形成向右(左)20°左右的夹角。

④右(左)满舵:操舵使舵叶面或导管舵的轴心线与艇首尾线形成向右(左)30°左右的夹角。

⑤把定:操舵使罗经基线对准所指定的航向,或将艇首对准一个目标保持不变的航向。

(2)操车(操作艇机)口令及操车

①进车:将离合器手柄(或离合器操纵杆)向前推到进车位置。

②倒车:将离合器手柄(或离合器操纵杆)向后推到后退位置。

③停车:将离合器手柄(或离合器操纵杆)置于中间停车位置。

④完车:将艇机的完车开关打开,机器运作全部停止。

⑤稍加(减)油门:将调速器增加(或减少)两格,或者将操作手柄推至微速前进(后退)的位置。

⑥加(减)油门:将调速器增加(或减少)四格,或者将操作手柄推至中速前进(后退)的位置。

⑦加大油门:将调速器增加六格或推至机器允许的最大速度,将操作手柄推至全速的

位置。

（3）艇用罗经及使用

《LSA规则》规定：救生艇内要配备具有发光剂或夜间照明的操舵罗经（Steering compass）一只，在全封闭式救生艇中，该罗经应该固定在操舵位置，必要时给该罗经配备一个罗经柜和固定的支架装置。该罗经的罗盘直径应该不小于 50 mm。罗经盘度数的表示方法主要是"圆周法"，即 000°～360°。这种表示方法简单易读，读取也比较精确。另外，还有一种"罗经点"表示法，也就是将罗经盘面分成32点，每点是 11°15′（11.25°）。这种方法读取起来比较粗略，也不太习惯。在使用罗经时应该注意，将罗经安放在操舵者面前，使罗经基线与艇的首尾线保持一致，如果不能保持一致，至少应该保持平行，才能在罗经上正确地读取救生艇首所指航向的度数。固定在操舵位置的罗经，在安装时应该考虑到正确使用罗经的事项。

各位船员应该熟悉救生艇操纵时的操作口令，明确操作口令的意义，平时注意加强训练，在训练中达到能够正确地按照所指定的航向航行、转向、变速和保持接近物标的操作技能，在训练中做到熟练、协调、实用的高度统一。

2. 救生艇的靠离操纵

救生艇的靠离操纵是一项专业性较强的航海技能。虽然救生艇规格小，方便灵活，便于掌控，但是，如果操纵不熟练，救生艇失去控制将会造成比较恶劣的后果。靠离操纵是海上求生中一个非常重要的技能操作。

（1）靠离泊位

在准备靠离码头泊位时，应该选择有足够的旋回水域，便于靠离操纵的靠泊位置，方便艇员登离艇的进行，还应该有系解缆绳的地方。如果停泊时间稍长，还应该考虑泊位及其附近风、流对艇的影响等因素。

靠泊时通常采用顶风、流靠泊，便于控制艇速、保持艇位和保持舵效；如果风的作用大于流的效果，则应采用顶风靠。在进入泊位前，要先摆好艇与泊位的交角，正常情况下，采用的靠拢角为 30°～40°，沿着这样的一个航向慢速前进，在艇位、艇速、靠拢角完全可控的情况下，操纵救生艇接近靠泊点。如果在操作时受风浪影响较大，应该适当调整靠拢角，当受吹开风（风从泊位吹向艇）影响时，靠拢角可以适当减少 10°左右；当受吹拢风（风从海上将艇吹向泊位方向）影响时，靠拢角可以适当增加 10°左右。还应该特别注意避免艇与码头的碰撞。在接近泊位时，要控制好艇的余速，艇一般速度的冲程为艇长的 3～4 倍。当艇接近泊位时，少用倒车，控制艇在没有前进的余速时，及时带好艇首缆起动绳，防止发生艇与码头泊位间相撞的事故。系缆时要注意潮汐的变化，应留有足够长的缆绳，并要系牢、易解。有风浪影响时，还要在艇的内侧放下碰垫，保护艇的舷侧，防止艇与船擦碰。

离泊时，艇长确认全部艇员回艇，艇首人员备好钩篙，解掉缆绳后，用钩篙将艇撑开一段距离后，用外舷舵稍进车，离开码头泊位。在进行离泊操作时，要注意考虑风流对离泊操作的影响，同时注意艇与他船或其他障碍物的间距，注意离泊操纵的安全，必要时艇首安排一个瞭望人员，协助操作。

（2）靠离航行中的船舶

救生艇靠航行中的船舶：一般情况下被靠船舶应该操纵大船减速或停车淌航，通过控制大船,使来靠救生艇位于船舶的下风舷侧船首的前方。操纵救生艇与大船保持平行航行,以小舵角慢慢向大船贴靠;接近大船时及时带上艇首缆起动,使艇靠上大船。注意防止艇被压入大船船尾,特别是在大风浪中操作救生艇,靠上航行中的船舶是比较困难的,操作不当就有可能造成危险局面。因此,在操作时,必须根据当时的具体情况,正确地判断风浪和船舶航速对操作的影响因素。谨慎驾驶,灵活地掌握艇的动态,坚决杜绝艇被压入大船船尾的失误操作,并注意不能操作救生艇横过大船船头或在驾驶台盲区内航行。

救生艇驶离航行中的船舶:在全部艇员归位并准备好后,操外舷舵,救生艇借助船舶的拖力和本身舵力的作用效果,与船舶偏离一段距离,偏离角应该大一些。起动艇机,及时解脱艇首缆起动,操纵救生艇小角度快速离开大船。

(3)靠离锚泊船的舷梯

锚泊中的船舶,在有风流的水域,一般情况下船首都是迎着风流的。操纵救生艇从大船的船尾接近舷梯,也就是顶风、流靠泊操作,摆好艇与船舶的交角,控制好艇速,及时停车,掌握好冲程,艇首人员及时地使用钩篙钩住舷梯,必要时带上缆绳,艇上人员及时地离艇登船(或者船上人员离船登艇)。风浪大时,人员上下舷梯比较危险,艇随风浪上下晃动,艇与舷梯之间的高度变化比较大,一定要保证人员的安全,同时注意避免艇与舷梯的碰撞,防止艇被压入舷梯下。必要时用微速进车控制艇位。

离舷梯时,应该注意风、流的作用,用钩篙抵撑,使艇离开舷梯一段距离,进车、用舵,及时解脱缆绳,离开停靠的船舶。风浪大或水流急时,采取进车从船中部附近离开,避免救生艇被压入船尾,受到更大风浪的影响。

(七)救生艇在大风浪中的操纵

在大风浪中操纵救生艇是具有一定危险性的,特别是救生艇在横浪中航行,危险系数更大,一旦艇的摇摆周期与波浪的周期发生共振,就有倾覆的危险。在大风浪中,如果采取顶风浪航行,由于救生艇的机器功率不大,顶不住风浪,救生艇很容易被风浪打压成横浪状态。再加上救生艇的长度较小,压不住风浪,艇就像皮球一样很容易被风浪压入浪谷,再抛至浪峰,而且会越来越严重,特别危险。如果采取顺浪航行,其结果与顶浪航行相似,只不过风浪从艇尾上来。根据广大海员的实践经验,在大风浪中航行应该注意采取如下操纵方法。

1. 利用偏顶、滞航的操纵方法

在大风浪中航行,应该使救生艇艇首舷与风浪方向成20°~30°夹角,保持这种状态航行,可以减轻风浪对救生艇冲击所造成的晃动。在操作时要注意始终用车保持舵效,当风浪的作用很大,将艇首压向下风浪方向时,立即用舵纠正艇首方向,始终保持艇首舷与风浪成20°~30°夹角。为了确保救生艇的安全,可以使用维持舵效的车速,不必强求操艇前进或后退,必要时可以施放海锚或撒镇浪油来协助救生艇处于滞航状态,以保证救生艇的安全。等待风浪过后,再考虑航行及其他的事项。

2. 大风浪中的掉头操纵

在大风浪中进行救生艇掉头操纵,是一项对航海专业技术要求比较高的操作技能。因为当艇身转至横浪时,艇因为回转,艇体所产生的外倾与风浪的方向一致,很容易导致艇的倾覆。在风浪中必须采取掉头操纵时,一定要掌握好时机,措施得当,以保证艇的安全。

（1）选择好时机。任何海面的风浪都是有规律的，总是几个大浪过后跟着几个小浪，小浪过后，第二轮大浪来临之前，海面相对比较平静，要选择这个时机，用舵转向进行掉头操纵。

（2）在开始转向时，要采用小舵角、慢速、逐步转向，避免使用大舵角、快速转向，以免引起艇体大的横倾，增大小艇倾覆的风险。

（3）当艇体转至横浪后，应该用大舵角、快速操艇由顺浪转向顶浪。

（4）在大风浪中不宜采用倒车，以免损坏车叶。

（5）如果操纵失误，切勿强行掉头，保证艇处于安全位置，再次选择恰当时机进行掉头操作。

（6）必要时可以撒镇浪油，以减轻风浪的作用力。在大风浪的海面操作，为了暂时减弱救生艇周围的浪势，可以撒镇浪油，特别是在深水中效果更好。在撒镇浪油时，将镇浪油灌入布油袋封好后，抛入救生艇的上风浪舷侧（与海锚同时使用效果更好），使油能在艇体周围漫撒，形成一条油带，以减轻波浪对艇体的冲击。镇浪油使用植物油和动物油效果较好，如果没有也可以使用机油，大约 200 L 机油，可以在 5 000 m² 的范围内起到较好的镇浪效果。

3. 向遇难船派出救生艇

船舶在海上航行，当接到附近海域有船舶发出的遇难求救信号，或者发现附近海面有遇难船舶，有义务前往救助。在救助船靠近遇难船舶时，救助船应该操纵本船从上风侧接近遇难船舶，将难船放在救助船船体所造成的下风浪舷侧一个相对的静浪区域内，这时从本船的下风舷侧降落救生艇，迅速操纵救生艇向难船的上风舷侧靠近，将遇难船的船员救回艇内。然后，返回本船下风舷侧利用舷梯、软梯、救生网等器材设施登船。

操纵救生艇接近无动力遇难船舶时，应该注意不能够从难船的下风舷侧接近，最好从难船的上风舷侧接近，用慢车顶靠难船，将人员救出难船；否则，将会造成救生艇被难船的惯性移动压向下风侧，形成脱离不开的被动局面。

4. 操纵救生艇接近海面漂浮的遇难人员

在海上漂浮的遇难人员有两种情况：一种是身穿救生衣的漂浮人员；另一种是没有穿救生衣的漂浮人员。在操纵救生艇救助落水人员时，应该迅速地操艇前往落水者水域，在接近落水者时，一定要注意从落水者的下风流方向接近，用艇体来堵截落水者，并在适当距离停车，避免救生艇撞压到落水人员。如果落水者有活动能力，可以将救生环抛向落水者，落水者抓住救生环后，艇内人员拉救生环的拉索，使落水者接近救生艇，艇内人员协助落水者登艇。

对于失去知觉的人员，艇上救助人员最好穿救生衣下水进行救助，全体救助人员集体协助遇难人员登艇。在救助过程中，对于负伤人员应该注意避免碰其伤口，以免对受伤者造成二次伤害。如果落水者没有穿救生衣，救助人员最好先迅速地将救生圈或其他救生物品抛向落水者，再操纵救生艇进行救助。在晚间进行救助时，救生艇还要使用探照灯，加强搜寻的能力，以确保救助的顺利进行。

（八）救生艇抢滩登陆

在海上求生的过程中，如果发现了岛屿，只要岛屿上有生存的条件，就要操纵救生艇抢滩登岛，进行岛上求生。抢滩操作，在风平浪静中也不是一个简单的操作，如果事先不了解情况或准备得不充分，盲目地抢滩操作，又操作不当，就可能造成抢滩操作失败，甚至导致海上求生的整体失败。因此，在进行抢滩操作前，一定要做比较充分的准备工作。

1. 选择好抢滩的时机。一般情况下，应该选择白天、高潮时、下风、流缓处、泥沙底质、浅滩坡度小、水中无障碍物的地点抢滩登陆。

2. 操纵救生艇抢滩操作时，一定要始终控制艇体与波浪垂直，艇首直接冲向岸滩。因为机动艇的艇体在构造上的流线型，整流效果较好（首尾两头尖型）。

3. 当操纵救生艇距岸最近时，借助艇体被浪抬起的一瞬间，立即加大速度使艇体尽可能多地被搁置在岸滩上。

4. 艇体坐上岸滩后，艇员先不要离开救生艇，集中在艇坐浅的部位压实，让艇搁住。待浪稍退时再迅速离艇，同时避免艇体被浪打翻，造成人员伤亡。

5. 艇上人员离艇后，要想办法将艇系固住，保护艇的安全，维护艇体及属具的安全可用，以备再用。

抢滩登陆的操作一旦失败，就可能造成求生者丧失求生的意志，放弃求生的愿望，将会给海上求生造成彻底的失败。因此，在抢滩操作中稳、准是关键。近些年来一些海上求生人员，在抢滩操作上又有了新的方法：

（1）操艇接近岸边，稳住艇体，必要时在艇尾抛下海锚。备好一根绳子，将绳子的一端系在艇上，选派一个身体相对强壮的人员，拉着绳子游到岛上，在岛上将绳子的另一端系牢在树上或陆地上比较牢固的地方，然后通知艇上人员一起拉着绳子，控制艇慢慢接近陆地。这样的抢滩操作能使艇比较稳当地登陆，减少了危险因素。

（2）有时候即使救生艇靠近岸边，也不一定能登上陆地，特别是存在海陆风（白天，风从海上吹向陆地；晚上，风从陆地吹向海洋）的时候。如果不注意这些因素，救生艇会被风或海流推离海岸。因此，求生者应该借助这个条件，在早上收回海锚，借助风力使艇漂近陆地；晚上，抛出海锚减缓艇漂离岸边的速度。

（3）在进行救生艇抢滩登陆操作时，一定要注意防止艇体在接近岸边的一瞬间被风浪打横，造成救生艇倾覆事故。

（九）救助艇的操纵

配备在海船上的救助艇主要作用是救助落水遇险人员，集结各自漂流在海上进行求生的救生艇筏。因此《规范》要求救助艇在操纵上能够具有足够的机动性和操纵性，主导救助艇在操纵上的机动性和操纵性的主要设备是推进装置和舵。《规范》允许救助艇的推进装置（发动机）为舷内机或舷外机。通常救助艇舷内机大多数和救生艇一样也是四冲程柴油机，其操纵特点与大多数救生艇类似。在此简单论述一下配有舷外机救助艇（如图3-4所示）的操纵。

救助艇配备的舷外机，大多数属于"Z"形传动推进装置。这种"Z"形传动推进装置不配有专门的舵叶，而是借助于改变推进器排出流的方向来形成救助艇偏转的原动力。

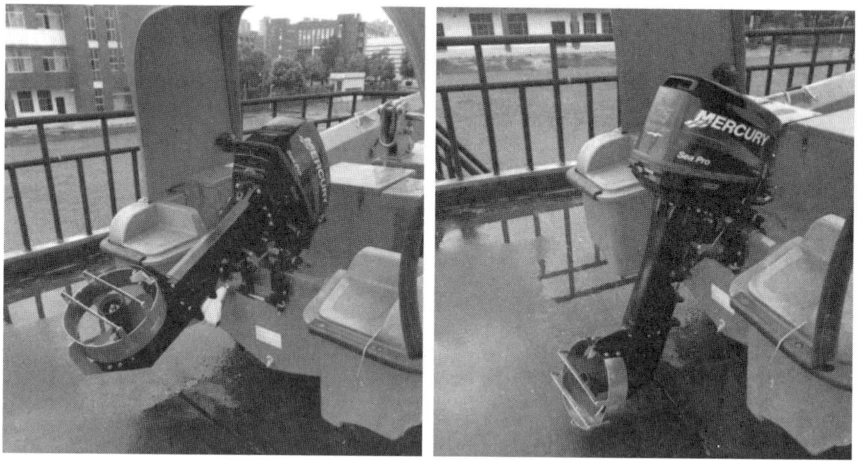

(a)艇机收起　　　　　　　　　　(b)艇机放下

图 3-4　舷外艇机实物图

"Z"形传动推进器是由操作手柄、传动轴与螺旋桨的装配结构形成"Z"字形,这种推进器的螺旋桨所在位置可以由操作者直接控制,以达到推艇前进(后退)或改变(或保持)艇前进方向的目的。"Z"形传动推进器可以产生较大的拖带(Towing)力,根据理论换算,发动机功率为 10 kW 的"Z"形传动推进器可以产生大约 2 kN 的拖力,远远大于同样功率的其他类型推进器所产生的拖力,这样可以很好地使救助艇完成集结救生艇筏时的拖带作业。另外,配有"Z"形传动推进器的救助艇,由于"Z"形传动推进器操作上的特点,在对发动机操作时,可以同时控制救助艇的推力和救助艇的方向。艇机的起动和停止操作比较简便,功效比较直接,如果操作熟练的话,救助艇几乎可以达到在原地掉头的旋回效果,从而使救助艇具有足够的灵活性和操纵性。

1. 救助艇的拖带

在救助艇的属具备品中配有一根长 50 m 的可浮索,是专门用来进行集结拖带的缆绳,其强度可以满足至少以 2 kn 的航速拖带一个船舶所配备的载足全部乘员和属具的最大救生艇筏。因此,当救助艇在进行拖带时,必须选用艇内属具备品中配备的拖缆。救助艇在进行集结时的拖带作业,一般都采用在被拖艇筏前领拖的作业方法,在作业时应特别注意:

(1)在接近被拖艇筏并准备带缆时,要观察被拖艇筏的漂移速度和方向,确定递送缆绳的位置。当被拖艇筏漂移速度大于救助艇的速度时,救助艇应从其下风流处接近;当被拖艇筏漂移的速度小于救助艇的速度时,救助艇应从其上风流处接近。接近后迅速将救助艇的拖缆传递至被拖艇筏上,并在救助艇上系结好,要注意选择好松放拖缆的长度,拖缆越长越能耐受冲击负荷。

(2)当拖缆松放长度合适,固定好并开始起拖时,要特别注意对救助艇航向和速度的控制。要以最小速度慢慢起航拖带,使被拖救生艇筏及缆绳的方向与救助艇航向保持一致。同时注意拖缆要慢慢地从松垂状态转为受力状态,当被拖带的艇筏开始随着拖缆的受力而移动时,仍然要保持同样的速度,持续航行一段距离,才可以慢慢增大拖带的航速。

这样既保证了拖带的安全,又保护了被拖救生艇筏系结缆绳位置的强度。

(3)在拖带进行转向时,救助艇应该采取小角度多次转向来完成拖带的转向航行。这样操作既减小了救助艇所承受负荷的拖力,又保证了拖带双方的安全。在转向并考虑旋回圈时,应该按照救助艇的长度加上被拖救生艇筏的长度,再加上拖缆的长度来估计旋回圈的范围。

(4)当拖带艇筏到达目的地时,要考虑好双方的冲程。救助艇要采取逐渐停车的操作方式,控制好被拖艇筏前冲的惯性,避免被拖的救生艇筏冲向救助艇,造成慌乱或损伤,逐步使拖缆的张力减小,以使负责拖带的救助艇停车,被拖带的救生艇筏正好到位。

(5)在拖带的过程中,如果产生的偏荡角过大,会造成救助艇无法控制,并容易导致拖缆受力增大,甚至断裂。偏荡主要是被拖艇筏的艉倾严重,艇筏整体受力不均所造成的。可以将被拖艇筏人员的座位适当向前调整一下,左右受力均匀;或者救助艇改变拖航速度,也可以适当调整拖缆长度,拖缆越长偏荡越大。在大风浪中进行拖带,一定要调整好拖缆长度,注意救助艇和被拖带艇筏应处在不同波浪的同一周期位置上。

(6)当多只艇筏被拖带在一起时,可以采取集结的方法。首先到位的被拖带艇筏在救助艇解缆离去后,被拖带艇筏应调整好受风、流的方向,在艇的上风、流方向施放海锚,控制好受风、流方向,同时减缓受风、流漂移速度。另外,在被拖带艇筏到来时,可以先到艇筏的下风、流方向用 30~40 m 长的缆绳系结在一起,便于进行海上求生,等待救援船舶的到来。

2. 救助艇的操纵

在进行救助艇的操纵时,要选派有一定航海经验、在日常工作中接受过培训,持有合格的专业培训证书,并且在船上工作期间经历过本船救助艇操作的演习、训练,表现较好的人员,负责操纵救助艇。

在操纵救助艇时,如果是在白天,视线比较好,而且周围有参照物,可以确定航向。在变速航行时,注意所航行水域的水深是否适宜航行,及时绕开碍航物标,注意水面漂浮物,防止绞缠到螺旋桨上。在狭窄水道航行时,注意保持在航道中央靠右侧慢速航行。在救助艇行进时,艇内所有艇员都必须坐在指定座位上握住扶手栏杆,集中精力注视水面,保持高度警惕。

如果航行是在晚上或者视线不良时,就要依靠救助艇所配备的带有夜间照明的罗经确定航向。在救助艇上配备的罗经,其罗盘直径不小于 50 mm,通常用圆周法从 000°~360°标注航向。由于罗盘直径较小,罗盘上反映的罗经度数的刻度也显得较密,所以,在操纵救助艇时注意力要特别集中,尽量减少操舵航向误差,使误差保持在最小的范围内。尤其是在艇尾控制操纵的救助艇上,还要在艇首部设专门的人员瞭望。瞭望人员要与在艇尾操纵的人员事先做好联系信号,相互提醒,以保证救助艇的航行安全。

3. 救助艇的靠离

救助艇在进行靠泊操纵时,与救生艇的操纵要点大致相同,但是救助艇的可控性要比救生艇的好。一般情况下要选择顶流(风)靠,这样便于控制艇速,并能够比较有效地控制艇首向。在进入靠泊区域前,要在泊位前方选择一个物标,使救助艇与靠泊位置保持一个靠拢角,角度为 30°~40°。操艇者确定好物标,形成一个串视线。在靠泊过程中以慢速控制救助艇的位置始终保持在串视线上,少用倒车;在接近泊位时,及时带好艇首缆起动或用钩篙控制好救助艇,减缓或者避免救助艇与泊位挤碰。

救助艇在靠泊船舶舷梯时,要注意运用好救助艇的冲程数据,及时停车,使救助艇借助淌航的冲距接近舷梯;及时带好缆绳,防止救助艇在挤碰船舶舷梯的同时,使艇体和艇机损伤。救助艇一般速度的冲程在3~4倍艇长的距离。如果是舷外机操作,救助艇的可控性比较好,艇位和艇速相对比较好控制,救助艇的冲程距离会小一些。平时,在进行救助艇操纵训练时,要有目的地选择甲、乙两个固定距离的物标进行本艇在各种艇速下的冲程距离的测量,以掌握准确数据,运用到应急作业中,保证在进行作业时的迅速、安全。

救助艇在靠近航行中的船舶时,应该及时与船舶驾驶台保持通信联系,相互协调好航向、船速。在救助艇靠向船舶时,船舶通常保向、低速前进。操纵救助艇于船舶下风舷侧,与船舶保持同向,并保持一定的间距,要在船舶的首部附近,与准备贴靠的船舶保持平行或接近平行,驾驶救助艇慢慢贴靠船舶的中部。一定要注意防止救助艇被压入船尾,在靠泊中防止或减缓救助艇与船舶的相撞,绝不可以越过船头或者在驾驶台盲区范围内接近。

救助艇在离泊时,要借助缆绳或钩篙操作,使艇离开船舶适当的间距后,操外舷舵,慢速进车,慢慢驶离一段距离后再加速。在操外舷舵、进车、艇首先离开泊位时,一定要防止艇机被挤碰。离泊前要注意周围水域情况,是否有来往航行的船舶,是否有碍航物,周围的风、流对操艇离泊的操纵方法、与泊位间的相对位置,相互间的安全等因素都要考虑周全,以确保在离泊操纵时艇与人员的安全。

4. 大风浪中操纵救助艇

在恶劣天气操纵救助艇是一项特殊操作,需要操艇人员具有一定的专业技能,因为在操作中稍有不当,将会产生不利状况或发生危险,甚至造成救助艇的倾覆。在恶劣天气情况下,操艇一定要避免救助艇横向受风浪,由于救助艇推进机器的功率小,顶不住风浪,艇长不超过8.5 m,也压不住浪,稍有不慎将有危险发生。所以,在风浪中操纵救助艇应该使艇首与涌浪方向形成20°~30°夹角,当艇首被风浪压向下风浪方向时,夹角增大,应该立即用舵纠正,在风浪中始终保持住这样一个夹角或前进或在原地滞航,待风浪减小后再航行。在风浪中不得轻易地决定掉头,避免在旋回掉头中造成艇的横向受风浪。除非因安全需要迫不得已,否则应该谨慎驾驶,选择在大浪过后、波浪较小的间隙,救助艇在浪谷时,用大舵角快速进车,减少救助艇横向受风浪的时间。在第二个大浪周期来临前,掉头操作成功。实际操作需要有丰富的航海实践经验方能成功。

5. 救助落水人员

船舶在航行中发现人员落水,对于救助是个非常不利的因素。需要船舶驾驶人员做出迅速反应,进入应急操作,采取紧急措施。

(1)停车向落水者一舷操满舵,将船尾甩开,避免螺旋桨伤害落水人员。

(2)发出应急警报,三长声并加表示落水人员大概位置的声号(三长声加一短声表示有人从右舷落水;三长声加两短声表示有人从左舷落水)。

(3)按照应变部署的分工,有专人登高瞭望落水人员的确切位置。准备降放救助艇或救生艇,有关人员向落水者附近抛下救生圈。

(4)救助人员登艇,降放船舶下风舷救助艇(或救生艇)。

（5）救助艇入水后，操外舷舵、进车、离开船舶，进行对落水人员的救助。

（6）应该尽快驾驶救助艇接近落水者区域，进行搜寻。

（7）如果发现落水目标，艇长应确定在救助艇那一舷侧进行施救，并通知艇上人员，做好相关准备。

（8）操纵救助艇接近落水人员。当落水人员在救助艇一侧正横时，停车并操舵，保持救助艇在下风、流堵截落水人员的位置，并始终注意保持艇与落水人员的距离，此距离以方便救助为宜，绝不可以在上风、流追踪接近落水人员。

（9）如果落水者头脑清醒，自我行动无障碍，艇内救助人员协助其登艇。

（10）当落水者失去意识或受伤，行动不便，艇长应该立即派艇内救助人员入水进行救助，先使落水者登艇。

（11）协助落水者登艇后，应该立即给落水者穿好防寒服，头朝向艇尾，脚朝向艇首，并且采取相应的紧急措施救治。

（12）全体人员登艇，救助成功后，艇长立即向船舶驾驶台报告并同时操艇返回，艇内人员立即着手对被救助人进行紧急施救。

（13）在返回途中，艇长应将落水者状况及时汇报给船舶领导，以便于获得医疗救护上的指导以及返回船舶、登船操作的协调指令；在返回船舶途中的操纵，既要考虑快速也要兼顾减轻被救人员的痛苦。

船舶在锚地或靠泊时发现有人落水，最初发现者应及时抛投最近的救生圈（白天最好是带绳的救生圈、晚上最好是带灯的救生圈），并大声呼喊，引起其他人员的注意以取得支援。

二、相关实操训练

1. 实操训练内容

（1）机动艇机器的起动与操作

①机动艇的起动。

②机动艇用舵的操作。

③机动艇的把定航行。

（2）机动艇的操纵

①机动艇救助落水人员的操纵。

②机动艇靠离操纵。

2. 实操训练的目的和要求

为了使学员熟悉机动艇的机器性能，掌握机器起动操作的基本技术，便于学员在船舶应急应变时能迅速起动机动艇，并能进行基本的运行操作。要求学员在训练中掌握机动艇机器起动前的检查，熟练掌握机器起动操作的步骤与注意事项，掌握机动艇运行操作的要点，熟悉机动艇用舵保向、转向的操作。机动艇操纵训练是为了使学员掌握操纵机动救生艇的技能，便于在海上求生与救生中运用机动救生艇进行自救和救助他人，增强学员求生、救生的信心，加强战胜困难的意志力。要求学员经过训练掌握操纵机动艇救助落水人员的技术要领，熟悉机动艇旋回操纵的技术特点，熟练掌握操纵机动艇靠离泊位的技能，以便于更好地进行救生艇的操纵与管理。

3.实操训练的条件

(1)机动救生艇2艘,刚性救助艇1艘。

(2)每艇配有海锚1只、救生圈1个、艇首缆1根。

(3)艇内设备配品齐全。

(4)艇用罗盘2具(罗盘直径不小于50 mm)。

(5)机动艇操纵训练的宽阔水域。

4.实操训练的步骤

(1)集合学员、确认人数,教师讲明本次训练课的教学内容、要求及注意事项,将学员分为两组。

(2)2位教师各带一组学员,携带钩篙及相关消耗用品等在码头边讲清楚登艇要求,学员依次登艇坐好。

(3)教师登艇打开机器罩盖向学员讲授救生艇的结构名称、机器各系统组成及一般工作原理。

(4)然后讲授机器起动前的检查、准备工作、起动操作。

(5)组织学员现场口述起动前的检查、准备工作,无误后解脱艇缆绳,教师起动机器,借助钩篙操艇离码头至合适水域。

(6)停车,安排学员动手操作,基本上起动操作无误后,教师再一次示范讲授运行、停车的操作和注意事项,以及操车时的口令。

(7)现场示范讲授艇舵的操作及注意事项,确认舵令,组织学员模拟训练体会。

(8)学员3~4人为一小组,分为指挥、操舵、操作机器、瞭望,然后在教师监督下开始运行停机的操作训练。

(9)教师进行"机动艇靠离操纵"的示范与讲授技能要点,然后将学生分3人一组(指挥、操舵、操机各1人)。

(10)各组独立进行靠离训练,教师监督指导;各组轮流结束,教师简单地进行教学小结。

(11)学员归位坐好,教师示范讲授机动艇旋回操纵,抽1~2个小组进行演示即可。

(12)操艇至码头,带上艏缆起动,关闭机器,安排学生携带需入库存放的器材离艇,组织学生收拾好艇内卫生。

(13)现场讲评后结束教学活动。

5.实操训练的要点

(1)机动艇的起动前检查。

(2)起动

①打开机器冷却水的海水阀。

②将离合器操纵手柄放在停车位置。

③将调速器操纵手柄放在中速位置。

④接通电起动按钮与蓄电池之间的线路。

⑤停车,使艇机活动部件运转一下,检查是否有异常响声。

⑥使减压阀处于减压位置,按起动按钮,当起动马达带动飞轮且有适当转速时,关闭

减压阀,此时艇机即已起动完毕。

⑦若用人力手摇把起动时,应装上手摇把,由慢到快地转动机器;当机器转到适当的转速时,关闭减压阀,并继续快速转动机器,直到马达起动为止。手摇把应拿下,避免意外伤人。

(3)运行

①艇机起动后,一定要低速运转 5~10 min。对艇机机体加热,以减少机体各部件的热应力,以免发生机体内部的损坏。

②注意观察滑油压力表的读数是否符合说明书的规定,过高或过低都要查找原因并及时排除。

③检查高压油泵、曲拐箱和离合器的滑油变化量,发现异常,要及时处理。

④检查冷却水排出量是否正常。

⑤检查救生艇周围尤其是螺旋桨附近是否有绳索和漂浮物,以免缠绕螺旋桨。

⑥检查机器的排烟温度和颜色是否正常,若冒黑烟要适当减小油量,必要时应及时查找原因。

⑦经常手摸曲拐箱道门缸体的温度,若过热要及时处理解决。

(4)机动艇救助落水人员

①机动艇救助落水人员操舵时,要向落水人员一舷侧扳满舵,减速、停车,在落水人员下流(风)处堵截落水人员。

②协助水中人员登艇要注意组织部分艇员集中落水人员一舷侧,降低干舷,拉拽水中人员腰带、救生衣环带、人员腋下等协助登艇。

③如果水中人员受伤要注意避免碰到伤口,增加伤员痛苦。

④如果落水人员失去知觉,且穿着救生衣,可先将水中人员向下稍用力按,借助反作用力将落水人员救上救助艇。

(5)机动艇靠离操纵

①顶流(风)靠。

②正常情况保持靠拢角 30°~40°。

③少用倒车,控制艇速使艇位保持在串视线。

④接近泊位及时用钩篙或缆绳控制。

(6)机动艇旋回,关键注意旋回直径的大小与艇速顺流(风)速、舵角与旋回直径大小的关系。

(7)停机。

6.实操训练的注意事项

(1)起动前的检查,应确认起动条件符合要求,方可进行起动操作。

(2)有条件时应多采用人力起动操作,少用电起动,起动操作要注意保护机器。

(3)起动后一定要注意检查冷却水和排烟是否正常,不可盲目增速运行。

(4)运行操作时注意瞭望,避免杂物绞缠车叶,注意避让。

(5)在艇航行时,艇上学生不可随意站立。在进出港时,注意学员身体各部位不要伸出舷外,避免挤、碰、擦伤。

（6）在整个操作中，教师要始终精力集中，监督学员操作的各个环节，及时纠正错误，避免发生意外和事故。

（7）机动艇操作要仔细认真，先做好示范操作，关键之处要多次向学员强调示范清楚。

（8）在进行离靠训练时，要强调控制艇，尽可能减少艇的碰撞。

（9）现场讲评，总结提高。

任务二　划（荡）桨操作

一、相关知识

划（荡）桨是一项传统的航海技能，虽然在现代航海技能操作中使用的时机不多，但是，在救生艇操作中却起着十分重要的作用。它也是锻炼广大海员坚定意志，增强求生信心，加强应急应变能力而需要学习、掌握的一种技能。划桨是用人力作为推动救生艇前进的动力。由于其具有一定的可靠性，在海上求生中起着比较重要的作用。

1. 艇员座位的分配

划桨时，为了保证救生艇操作的正确实施，更好地落实海上求生的应急措施，合理、确切地发挥每一位艇员的优势，方便艇员座位的分配，通常将救生艇艇员座位编成号码，以右舷为单数，左舷为双数，从艇首至艇尾，依次编号。艇员又有领桨手（尾桨手）、头桨手、中间桨手、舵手之分。以 8 桨艇为例，领桨（尾桨）手为 7、8 号艇员，头桨手为 1、2 号艇员，其余的艇员为中间桨手。领桨手一般选择划桨技术最好、体力较强的艇员。头桨手选择动作灵活、划桨技术好的艇员。舵手是独立的，由头脑灵活、技术全面、应变能力强的艇员担任。划桨时，要求桨手的动作及用力要一致，划桨的速度要均匀，否则将会造成艇首向不稳定，左右偏摆，即使操舵也不能较好地纠正。划桨时，全体桨手应该向领桨手看齐，使全艇人员划桨动作协调，频率和幅度一致，用最少的力获得最快的艇速。

2. 艇内属具的放置

艇内属具应有次序地放置，这样有利于很好地完成操艇的任务，避免在应急应变中发生混乱。

（1）桨的放置：为了操作的方便，桨放置在艇的左右两舷边，桨叶朝向艇首，桨与艇的首尾平行；桨叶搭靠在一起，桨柄不应该超越领桨手的座板；头桨手使用的桨放置在最靠近舷边的位置，其余的桨依次排列，方便拿桨操作。

（2）艇篙的放置：艇篙应该放置在艇的中间，与艇的首尾平行；艇篙的头朝向艇首，垂直搭放在各桨手座板的中间。

（3）缆绳：艇的首尾缆绳在不用时，分别整齐地盘放在艇首尾的花板上，既方便及时使用，又不妨碍其他的操作。

（4）舵柄：平时放在艇尾座板的下面，操作时能够及时取出，方便使用。

3. 登、离艇次序及注意事项

艇员的登、离艇次序原则上是为了避免艇员在登、离艇时产生混乱,防止艇员在登、离艇过程中产生相互碰撞的现象,保证艇员在登、离艇的过程中依次走到底,不用掉头横穿。在艇首靠泊时,艇长、舵手先登艇,然后从领桨手开始,依编号的反顺序(由大号向小号)登艇。艇尾靠泊时,从领桨手开始按编号顺序依次登艇,最后艇长、舵手登艇。艇的舷侧靠泊时,右舷的艇员按编号的反顺序从艇首登艇,左舷的艇员按编号的顺序从艇尾登艇,艇长、舵手最后登艇。离艇的次序与登艇时的顺序相反。艇员在登、离艇时应该注意:

(1)艇员在登、离艇时,不可用蹦跳的方式,脚不可以踏在艇缘、座板以及在艇内放置的物件上。

(2)坐在座板上,面向艇尾,保持正直、自然状态,身体的任何部位不得伸出艇外。

(3)艇员不得随意坐在艇的任何位置上,不得随意躺卧,应服从艇长的指挥,按照分工的要求来履行职责。

4. 划(荡)桨的口令和动作

艇靠泊在大船舷、码头边,在准备划桨时,艇长下令解掉缆绳,将艇撑开,头桨手用钩篙抵撑在大船(或码头)上,用力迅速将艇撑开一定的距离,以便于划桨操作,其余的艇员收进碰垫。艇长开始发出划桨的操作口令,艇员们听到口令后,应该立即执行,操作动作迅速、整齐,与领桨手看齐。

(1)预备用桨(出桨):从领桨手开始按座位顺序依次拿桨。各桨手上体半面转向舷外,以内舷手握住桨柄末端向下压,外舷手肘部向上托起桨柄,把桨放在靠桨门(桨叉)附近的艇缘上。在出桨时,同一舷边的桨手前后位置可以相互协助,以便迅速、有序地进行出桨动作。预备好桨后,桨叶与水面平行,桨柄与艇缘同高,桨与桨之间的距离相等。桨手的眼睛注视着自己的桨叶。

(2)放桨:各桨手一齐用内舷手用力下压桨柄,用外舷手的肘部把桨抬起放进自己的桨门(桨叉)内。外舷手改握桨柄,两手与肩同宽,身体转正,面向艇长。坐在座板上约1/3宽处,两脚掌中心自然踏在脚蹬板上,与肩同宽,两膝微屈,外舷手肘部压住桨杆,并向领桨手看齐,握桨手大拇指与其他四指分开握桨,两手掌心向下(正握);或一手掌心向下,另一只手(内舷手)掌心向上(反握)握桨(如图3-5所示)。桨呈水平状态,桨叶与水面平行,两眼注视前方。

(a)反握　　　　　　　　　　　　　　(b)正握

图3-5　握桨示意图

（3）桨向前：当桨手听到"桨向前"的口令后，上体迅速地尽量向前倾，双腿微屈，两手将桨柄推向艇尾方向，两臂伸直。在推桨过程中两手同时转桨，使桨叶与水面成 35°～45°角，桨叶与水面距离 20～30 cm，有波浪时桨叶适当提高。

（4）一齐划（荡）：各桨手听到口令后，向领桨手看齐，一齐将桨叶的 1/2～2/3 插入水中，同时上体向后仰倒，两臂保持伸直，两脚紧蹬踏板，直到两腿伸直，带动双臂拉桨。两手向外转动桨柄，使桨叶始终以最大阻力面对水，当上体后倾至最大限度时，两臂开始弯曲、收腹，上臂夹紧，随即转桨。掌心朝前，同时用力压桨柄，使桨叶迅速出水，并借此力使身体坐起，随即将桨叶转成水平并将桨叶推向艇尾，形成听到"桨向前"口令时的姿势。这样周而复始地进行划桨的操作（如图 3-6 所示）。

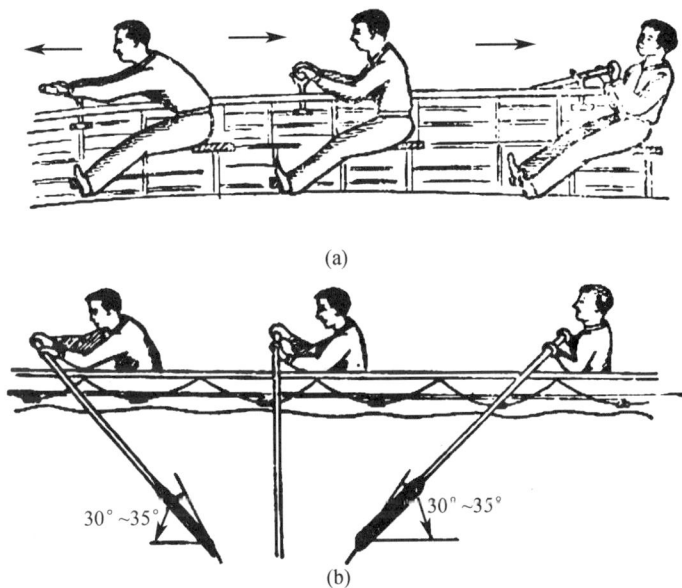

图 3-6 一齐划（荡）的分解示意图

在训练时，可以将："桨向前""一齐划"的动作要领在分解练习的基础上，进行动作连续的训练，在练习时应该注意：

①桨叶在划水时应该与水面垂直，桨叶划水的运行轨迹应该与水面成平行的直线。第一桨不要用力过大，避免把桨拉断。

②桨叶划水应该保持一定的弧度，该弧度为 80°～90°，正横的前半弧为 50°～55°，后半弧为 30°～35°。

③回桨时桨叶的轨迹应该贴近水面与舷缘同高，这样桨叶运行的路程短，空气阻力小，可以节省体力。

④在一个划桨连续动作接近结束时，两臂应该用力，迅速收腹，下压桨柄，使桨叶迅速出水。

⑤当连续动作熟练后，可以进行快速划桨训练。快速划桨时，大约每桨划水弧距在 1.5 m 以上，每分钟应划 26 桨以上，以便于适应应急时的需要。

（5）桨向后划（荡）：这是操艇向后退的操作口令，可以分两步进行训练。

①动作准备阶段：各桨手听到"桨向后"的口令后，将外舷腿离开脚踏板，弯曲收回至本人座板下。踏在座位下的底花板上，上体稍向后仰，同时两臂弯曲将桨柄拉靠近胸前，两肘夹紧同时转动桨柄，外舷手在握桨柄的同时，用前臂抵住桨柄，桨和桨叉(门)同高，桨叶伸向艇尾，距水面20~30 cm，并与水面约成45°角，眼睛注视着自己的桨叶。

②桨向后划桨动作：在上述准备阶段的基础上，在听到"一起划(或荡)"的口令后，各桨手迅速稍提桨柄，使桨叶的1/3入水，随即以外舷腿用力支撑，协助上体向前倾，双臂用力推桨，直至两臂推直，将桨柄推向艇尾(推桨同时要注意控制桨叶与水面形成的最大推力效果)到最大限度时，压桨柄使桨叶出水。分解动作熟练后，可以进行连续动作的训练。训练时要注意：各桨手一定要向领桨手看齐，避免桨叶相互碰撞，相互干扰；在推桨时，注意前面座位桨手的动作，避免桨柄碰打前面桨手的背部(如图3-7所示)。

图3-7　桨向后划分解示意图

（6）左进右退(右进左退)：在需要迅速向右(左)转向，减小旋回圈的时候，艇长下达口令时，舵手应首先操右舵(将舵柄推向左舷)，左舷桨手桨向前，右舷桨手桨向后，一齐划(荡)。右进左退时，左右舷动作相反，舵手首先操左舵(将舵柄推向右舷)。

（7）桨挡水：主要是想使艇的前进速度迅速减慢，直至艇完全静止。听到口令后，各桨手立即停止原来的划桨动作，并将桨叶移到艇的正横位置，同时外舷腿退出原先的脚踏板位置，弯曲收回踏到本人座位底下的底花板上。两腿用力支撑，上体稍向前倾，两臂弯曲，两肘夹紧，外舷手前臂配合抵住桨柄，胸部顶住外舷手前臂，同时收腹，并转桨叶与水面成45°角，桨叶的1/3入水，当艇速稍有减慢后，逐渐增大桨叶入水的深度，并逐渐转动桨叶与水面约成90°角(如图3-8所示)。

图3-8　桨挡水示意图

(8)顺桨:艇在前进中通过狭窄水道,为了避免桨叶碰撞两侧附近的物体,艇长下达"顺桨"的口令,桨手听到口令后,把最后一个动作做完后,迅速地把桨抬起,使桨离开桨门。同时用外舷手握住桨握柄,肘关节靠在艇缘上,身体移向舷边坐好,使桨叶垂直水面并紧靠艇缘,内舷手经胸前握撑在本人座板的外侧,艇则顺着惯性前进,桨漂向艇尾。注意在操作时,不要失手将桨滑落水中(如图3-9所示)。

图3-9 顺桨示意图

(9)平桨:要结束正在进行的划桨动作,变换划桨的动作或者纠正桨手不正确的动作或稍做休息时使用。桨手听到口令后,停止原来的动作,上体保持正坐的姿势,两手握住桨柄,使桨杆垂直于艇的首尾线与艇缘同高,桨叶与水面平行(如图3-10所示)。

图3-10 平桨示意图

(10)立桨:立桨的动作是在通过狭窄水道、避让障碍物、表示敬礼、竞赛到达终点时使用。听到口令后,桨手应该先平桨、后立桨,收回内舷腿,内舷手猛地用力向下压桨柄的同时,外舷手立即托起桨杆,使桨立直,把桨柄轻放在两脚之间的艇底板上。桨叶与艇首尾线平行,并向领桨手看齐,两手扶握住桨杆,内舷手在上与肩同高,外舷手在下与腰同高,上体正直坐好(如图3-11所示)。

(11)收桨:艇在接近泊位前,要结束划桨动作,不再用桨,听到"收桨"口令后,先做平桨动作,由艇首头桨手开始收桨。用外舷手肘部托起桨杆,内舷手压桨柄,将桨托出桨门,上体向舷外转,把桨放在艇缘上,由艇首开始依次将桨柄向艇尾收入,其他桨手用外舷手接桨帮助沿艇缘排列整齐。

图 3-11　立桨示意图

二、相关实操训练

1. 实操训练内容

非机动艇的划桨训练:

①登离艇顺序。

②各项划桨操作口令的正确使用。

③简单操艇航行、回转及避让。

2. 实操训练的目的和要求

划(荡)桨操作训练教学的主要目的是使学员加强人力操艇的基本技能,增强海员战胜困难的意志力,锻炼齐心合力、同舟共济的海员素质,要求学员在训练中掌握主要划(荡)桨口令及其含义,熟练掌握划(荡)桨操作的基本技能,并能指挥划(荡)桨艇通过狭窄水道,小范围旋回、前进、后退和避让。

3. 实操训练的条件

(1)划(荡)桨艇训练所需要的水域。

(2)划(荡)桨艇(一般为 10 人训练艇)2 艘。

(3)每艇桨 8 支,钩篙 1 支,桨叉、舵柄和舵板各 1 个。

(4)每艇内配置救生圈 1 个、艇首缆起动 1 根。

(5)救生衣,1 件/人。

4. 实操训练的步骤

(1)学员集合,教员清点人数,向学员提出本次训练课的教学内容和注意事项(安排学员至库内拿取必需器材物品、设备等)。

(2)学员分为 3~4 个小组,每组 1 名教员各自带领本小组学员登上指定训练艇坐好。

(3)教员讲授登艇的秩序、座位排序、领桨手、舵手的确定。

(4)艇员报数确定每个人位置,命令头桨手用钩篙撑开训练艇,离开码头至宽阔水域。

(5)教员示范讲解预备用桨,放桨,桨向前、一齐荡,桨向后、一齐荡,平桨,桨挡水,左(右)进右(左)退,顺桨,立桨等口令的意义及动作要求。

（6）学员按照教员的示范动作反复训练，教员随时纠正。

（7）最后达到学员荡桨整齐有力，能够进行主要荡桨操作口令所要求的动作。

（8）训练结束前收桨，讲解并示范，操艇靠码头边。

（9）系好缆绳，收好桨，教员做好教学小结。

（10）清理艇内卫生，将需要入库存放的器材物品撤离艇，由专人负责送至库内。

5. 实操训练的要点

参见前述，划（荡）桨节。

6. 实操训练的注意事项

（1）训练时的要求

要求学员服从指挥，统一纪律，统一行动，注意安全，防止受伤。

（2）划桨时应注意

①各桨手一定要向领桨手看齐，以免动作不齐，桨叶相互碰撞。

②在推桨时要注意前桨手动作，避免桨柄打着前面桨手的背部。

③荡桨时不论进或退，一定要随身体的移动转动桨柄，防止桨叶被水压在水中，即整桨。如发生整桨，可速将桨柄抬起，使桨杆离开桨叉或桨门，外舷手握住桨，握柄转动桨叶使桨出水。

④注意尽量不要把手弄湿，以免手掌摩擦起泡。

⑤荡桨中要运用整个身体的力量，回桨时要注意放松手臂肌肉，以保持耐久力。

任务三 救生艇筏的管理

一、相关知识

（一）弃船前必要的准备工作

当船长发出海上求生的应急信号，船员接到弃船命令后，为了尽可能减少海上求生过程的困难，使海上求生能获得成功，弃船前要争取做好必要的准备工作。

1. 每一位船员都要携带应变部署表所规定的物品，船舶有效的技术资料，必要的航海图书资料等必需品。

2. 由专人负责携带卫星应急无线电示位标、搜救雷达应答器、双向无线电话等无线电救生设备，以备登上救生艇筏用。

3. 只要条件允许，每一位船员都尽可能争取多带一些淡水、食品、保暖物品等海上求生必需品。

4. 依据船舶的危险状况，船体的倾斜、破损程度，海面上的风浪、水温、气温，遇难船的位置、离岸的距离，与救助船舶、直升机等救助单位的通信联系，做好必要的心理安抚工作及相应的组织工作。

5.船长在发出弃船命令后,根据船舶当时的整体情况,立即确定使用适合当时船舶状况的最有效的求生设备(例如,在哪一舷集结、登乘救生艇筏等),并立即通知大副及全体船上人员。

6.大副接到船长指令后,立即组织船员做好集结、降放救生艇筏的准备以及组织登乘等必要的工作。

7.要有人保证逃生通道、集结甲板、救生艇筏降放区域、救生艇筏降落的水域应急照明设施的正常使用。

8.在组织登乘前,大副要清点人数,掌握人员的总体情况,在货船上要尽可能争取全体人员都能登上救生艇筏。

(二)登上救生艇筏后应该采取的行动

在有序地组织全体船上人员登上救生艇筏后,紧接着是安全顺利地将救生艇筏降放到水面。当救生艇筏脱开吊钩,大副或者各救生艇艇长、救生筏的负责人要特别注意:

1.再一次确认本船人员或者各自救生艇筏的额定成员是否都离开了难船,登上了救生艇筏。

2.在人员确认无误后,艇长(或筏的负责人)要根据当时海面风、浪、流的情况以及难船的运行状态,确定离开难船的操纵方法。

3.立即解脱救生艇的缆绳,使用备放在出入口的安全小刀割断筏与难船的缆绳,操艇离开难船。操艇时:

(1)用艇内钩篙抵撑船舷,使救生艇首离开难船一段距离,进车用外舷舵,操艇离开难船,注意防止艇尾与难船相撞。

(2)也可以稍用倒车,用外舷舵,操艇甩尾偏离难船。注意防止救生艇被风流压到大船螺旋桨范围内。

4.操艇离开难船大约1/4 n mile,漂流等待援救。在这期间要利用探照灯、手电筒、哨笛或者呼喊等手段,搜寻和救助在水中漂流的求生人员。

5.操艇到达本船所有救生艇筏集结的安全水域,操纵救生艇筏首处于顶风顶浪状态,抛出海锚,做好海上漂流待救的准备。

6.检查救生艇筏内是否有积水,是否有破漏之处,利用救生艇筏的手摇排水泵、水舀(水瓢)、海绵或救生艇筏内可用的备品清除积水。如果确有破漏,立即使用属具备品进行堵漏,要保持救生艇筏内求生环境的干燥。

7.要做好防寒、防风雨、防日晒的准备。检查救生艇门窗、进出口、救生艇筏篷帐、瞭望口、门帘等有可能破漏的部位,要确认安全可用,保证温暖。

海上求生最好的环境是干燥温暖,在登上救生艇筏的最初时段,除了清点人数和争取快速安全地离开难船外,一定要注意采取防寒保暖的周密措施,保证漂流待救时的求生环境。

(三)心理安抚工作

救生艇筏在集结的水域漂流待救,要等待2~3天,以便于搜救船舶、直升机能够及早地发现。在漂流待救时,船长、大副、艇长、救生筏的负责人,必须做好安抚全体海上求生人员的心理工作,同时做好救生艇筏内属具备品安全合理使用的计划。安定人心,鼓舞求生的意志,团结一心,战胜各种困难,渡过漂流待救的难关。

在危险和恶劣的海洋环境条件下进行海上求生,需要人员的情绪稳定,需要人与人之间的和谐互助。坚定求生的意志是海上求生成功的基础。船长、大副、艇长、救生筏负责人等高级船员的团结、协调和镇定的指挥,是稳定船员情绪、鼓舞求生勇气、战胜困难、获取求生成功的有力保障。其中,主要应该做的工作有:

1. 船长等高级船员要稳定情绪,沉着指挥,关心每一位求生人员,特别要照顾好伤病员,从心理上安抚所有的人员。

2. 及时地给每一位救生艇筏上的乘员发放晕船药,以便于防止呕吐、抑制口渴、减少求生人员的痛苦,增强求生的信心。

3. 船长将漂流待救的位置,周围环境,距离最近海岸的国家、港口、陆地,预计在短时间内周围海面的气象、风、流等情况告知大家。另外,一旦要计划离开漂流待救的水域,应该选择的大致方向、距离,要明确告知艇筏的负责人。

4. 将本船已经发出的遇险求救报文、信号以及有关岸台、船舶、直升机等是否已经收到信号等这样能鼓舞求生信心和坚定求生意志的信息及时通告每一位求生人员。

5. 船长及高级船员要综合分析所有的信息,判断能够得到救助的可能性,大概需要漂流待救的天数,最大的威胁和危险等,以便心中有数、有的放矢地做好预防准备,必要时也可以告知大家。

6. 熟悉无线电救生设备、视觉音响信号的使用方法和使用时机,必要时明确地安排专人负责。

7. 尽可能安抚求生人员,防止其产生急躁情绪,避免出现偏激情绪,严格管理锋利器具,防止已经产生求生绝望情绪的人员发生意外。

把心理安抚工作作为在救生艇筏漂流待救时的重要的管理工作之一,是因为采取所有措施的目的是稳定情绪、鼓舞士气、树立求生的信心。坚定求生的意志,相互帮助,服从指挥,战胜困难是获取海上求生成功的关键。需特别强调的是,榜样的力量是巨大的,船长和高级船员克服困难时的以身作则,沉稳的指挥操作是积极引导广大船员战胜困难的有利因素,应使大家充分认识到,只有依靠集体的力量才能战胜各种艰难困苦,直至获救。除了心理安抚工作外,对救生艇筏内乘员的安排管理也是很重要的工作之一。

(四)乘员的管理工作

在救生艇筏漂流待救时,做好每一位乘员因人而异的安排,也是船长、大副、艇长和救生筏负责人的一项重要的管理工作。进入漂流待救的水域,应立即进行人员上的工作分工。

1. 除了伤病员外,安排乘员24小时不间断地值班,每班1小时,由两人负责值班。一人负责外勤,一人负责内勤。

2. 值外勤的主要职责是保持不间断地有效瞭望。

(1)注意瞭望发现过往的船舶,前来搜寻救助的直升机、船舶。

(2)保持应有的警觉,注意搜寻救助落水的海上求生者。

(3)保持肃静,注意倾听哨声、呼救声,注意黑暗中的灯光及各种视觉信号。

(4)搜寻发现陆地。

(5)注意天气海浪的变化,在大风浪来临时,通知艇筏内人员做好抗风浪的准备。

(6)随时注意艇筏周围水域的情况,尽可能掌握救生艇筏随风、流漂移的大致方向和距离。

(7)避免大型海洋生物的伤害。使用钓鱼用具,钓取海洋生物补充食品。

(8)下雨时,及时通知艇筏内人员收集雨水,补充淡水。

(9)保持与周围其他救生艇筏的联系。

3. 值内勤的主要职责是负责艇筏内力所能及的工作。

(1)应该时刻注意保持艇筏内的干燥和温暖,随时排除艇筏内的积水,发现有任何渗漏都要及时修补。

(2)根据当时的环境情况,注意通风保暖,保持艇筏内的卫生,必要时对救生筏浮胎或筏底进行充气或放气。

(3)照顾好伤病员,及时地发放晕船药,定时定量地发放食品、淡水,及时地收集雨水。

(4)固定好可移动物品,注意保护属具备品,使其处于良好的使用状态。

(5)安抚好相关人员的情绪,掌握艇筏内人员的健康状况,及时地向艇长报告,正确地协调和解决问题,鼓励人们战胜困难的信心。

4. 尽可能安排其他乘员休息好,提醒专人监听无线电救生设备的信号。

5. 组织好有关人员对漂流待救水域周围天气、风浪情况的分析,做出预防伤害的准备。

6. 船长及高级船员要对持续下去的求生待救可能遇到的困难尽可能地做出科学的预测,并尽可能地做出应急的准备。

在救生艇筏漂流待救的过程中,管理好救生艇筏内的乘员,使大部分人员休息待救,一小部分人员为海上求生努力工作,使海上求生在有秩序的等待或作业中进行。这样可以更好地稳定情绪,增强求生的信心,增大海上求生成功的可能性。

7. 低温效应及其预防

在海上求生的活动中,对求生人员造成生命安全的最大威胁是求生人员的身体直接暴露在低温的环境中。1912年4月16日,"泰坦尼克"号邮轮在北大西洋与冰山相撞,不幸沉没,大约在1 h 50 min后,第一艘救援船就赶到海难现场,可是呈现在救援人员面前的状况是,浸泡在0 ℃水中约1 500名落水人员无一生存。这是令人震惊和难以忘怀的,是由于低温效应所造成海难事故的典型案例。

(1)低温效应

求生者在低温的水中,如果不能够做好自我保护,很快就会出现低温昏迷,直至死亡。造成低温昏迷的主要因素有两个:其一,人体表面的隔热能力太差;其二,水的导热速度太快,大约是空气的26倍。当求生人员刚开始进入低温环境中时,人体表面皮肤为避免身体热量过分消耗,会迅速地收缩皮肤表面的毛孔和血管,以保证体内温度保持在37 ℃左右。随着身体会不自主地发生抖颤,以求得能够过多地产生热量来抵抗寒冷,但是随着暴露时间的延长,散热速度的加快,人体将不能够正常地保存体温,体温开始下降,紧接着会出现"过冷现象",这时候人体最容易受到伤害的器官是大脑和心脏。当体温下降到35℃以下时,人员就会出现"低温昏迷",主要体现在身体过度疲倦、失调、麻木,说话不清,神志不清,精神恍惚;当体温下降到31℃以下时,人就会失去知觉;当体温下降到28℃以下时,就会出现血管硬化;当体温下降到26~24℃以下时,就会发生死亡。但是,绝不能以低体温作为确定死亡的标准。低体温之死的定义是"即使取暖也无法复苏"。

（2）低温效应预防措施

当船舶发生海难事故,船长发出弃船命令后,全体船上人员在弃船前,只要时间来得及,现场情况允许的话,就要尽最大的可能做好自我保护的措施。在弃船求生时,应该争取做到:

①绝不能忘记正确地穿好或携带救生衣离船。

②在时间允许的情况下尽可能多穿几层衣服（所有可能穿的衣服,包括棉衣、雨衣等）。

③尽可能从难船上直接登上救生艇筏,避免直接入水。

④如果时间允许,在登上救生艇筏前或登上救生艇筏之后应该立即服用晕船药,因为晕船呕吐更容易使求生者造成低温昏迷。

⑤如果没能直接从难船登上救生艇筏,就应该尽可能借助配备在船舷的救生软梯、救生索、海上撤离系统等一切可以利用攀登的属具、用品,登上停靠在船舷的救生筏,避免身体入水。

⑥万一急需直接入水,也要尽量避免直接突然浸入冷水中,最好是尝试着逐渐进入冷水中,避免突然入水,造成低温对人体的伤害。

⑦在必须入水求生的情况下,要尽可能将穿着的各层衣服的衣扣系好,要扎紧领口、袖口、裤腰、裤腿口,以达到做好自身保护的作用。

⑧在水中漂浮待救时,求生人员要保持"HELP"（Heat escape lessening posture）姿势,以减少体热散失。

⑨在水中漂浮待救时,绝不要盲目地游泳。除非存在获救的可能,如发现了前来救助的船、艇、漂浮的救生筏等能够协助救生攀附的漂浮物或者需要接近同样在水中漂浮待救的人员或者为了尽快被救助人员发现,得到救助,减少在水中的时间;否则不能采取在水中游泳的措施。

⑩坚定海上求生的信心和意志,不放弃、不抛弃,始终保持对海上求生的积极态度,会延长活着的时间,增大获救的机会。

（3）合理使用救生服

救生服是指能减小穿着者在水中体热散失的保护物。在国外一般称之为浸水服（Immersion suit）、防水服或保暖救生服。以我国江苏省海门市江海船用救生设备有限公司生产的 LMT-A/B 型救生服（如图3-12所示）为例介绍救生服的性能、穿着方法和维护保养注意事项。

LMT-A/B 型救生服符合 MSC.81(70) 的要求,是供船舶及海上作业平台上的工作人员在寒冷水域、恶劣环境必备的个人救生、保温的专用服装。其由防水面料、保温浮力材料组成,将衣裤、手套、耐油靴密封一体,遮盖除脸部以外的整个身体,具有浮力、水密和自然保温功能,配有救生衣灯和救生哨笛。不需加穿救生衣。该服装有大、中两个规格,可分别供身高 1.75~1.9 m 和 1.75 m 以下的人员使用。

图 3-12　LMT-A/B 型救生服

①主要性能

a. 防水性能:穿着者在水中漂浮 6 h,衣服内的进水量不超过 200 g。

b. 漂浮性能:穿着者能在 5 s 中内翻转至脸部向上的姿势,口鼻部露出水面 120 mm,在水中浸泡 24 h 后,其浮力损失小于 5%。

c. 保温性能:穿着者在 0~2 ℃的静水流中浸泡 6 h,体温降低不超过 2 ℃,手、足皮肤温度不低于 10 ℃。

②穿着方法

穿着者首先应根据身高选择合适规格的救生服,着装步骤如下(见图 3-13)(脱服装时以相反顺序操作):

a. 摊开衣服,伸入双腿。

b. 穿上双臂,戴上帽子。

c. 拉上水密拉链。

d. 整理服装,戴好挡浪片。

③维护保养注意事项

a. 救生服应存放在低温、通风、干燥的环境中,严禁置于高温处或长期在烈日下暴晒,避免与酸、碱、盐等腐蚀物质及油类接触,以免损坏衣服或破坏防水层。

b. 存放、使用过程中避免与尖锐物接触或摩擦,以防戳、磨破防水层而影响服装的水密性,要注意存放处的鼠害,防止服装失去应有的防水保温功能。

c. 经常穿着使用时应需定期把服装内胆向外翻出,晾干积存在服装内的水汽。脏污服装应用中性洗涤剂和软质手刷刷洗后漂洗净洁,沥干水,然后将服装内外彻底晾干。

④对国际航行的货船上救生服的配备要求

经 MSC.152(78)号决议修正的《SOLAS 74 公约》Ⅲ章 32.3 条——关于货船救生服的配备已于 2006 年 7 月 1 日生效。公约基本要求:如无特别说明,适用于所有国际航行货船。2006 年 7 月 1 日或以后建造的货船应每人配备一件符合救生设备规则(LSA Code 2.3)要求的救生服;2006 年 7 月 1 日之前建造的货船应不迟于 2006 年 7 月 1 日或以后的

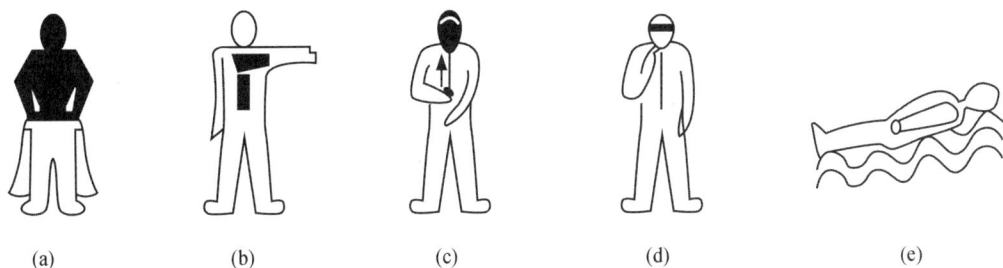

（a）　　　　　（b）　　　　　（c）　　　　　（d）　　　　　（e）

图 3-13　救生服穿着示意图

第一次安全设备检验时符合该修正案的救生服配备要求。对一直航行于温暖气候区域的除散货船（经修正的《SOLAS 74 公约》Ⅸ章 1 条定义）以外的船舶不必满足此要求。此外，在远离救生服通常存放的处所的值班室或工作站，还应增配与在该处所值班或工作的人员数量相当的救生服。这些个人救生服配备后，可以替代救助艇所需的救生服。

（4）合理使用保温用具

保温用具（Thermal protective aid，TPA）（如图 3-14 所示）应使用热导率不大于 7 800 W/（m^2·K）的防水材料制成，其构造应能减少包裹者体内对流和蒸发的热损失。保温用具应能遮盖穿着者除脸部以外的整个身体。在使用救生艇筏或救助艇时，在无人帮助的情况下能将其拆包并容易穿着，如妨碍游泳的话，可使穿着者在 2 min 内在水中将其脱掉。保温用具在气温为 -30~20 ℃ 范围内，可以正常使用。其穿着方法如下（如图 3-15 所示）：

图 3-14　保温用具实物图

①从塑料包装袋中取出保温用具。

②完全展开保温用具。

③穿着者进入保温用具（有可能需要脱掉鞋子）。

④除脸部以外包裹全身。

（五）艇筏内属具备品的管理

在漂流待救开始阶段，对于求生者来说，需要等待多长时间才可能获救，应该说是未知的。指挥者应该将困难和危险考虑到最大。因此，有计划地、合理地分配使用救生艇筏内的属具备品，使这些物品能够发挥最大的作用，也是在漂流待救时救生艇筏管理中的一件大事。进入漂流待救水域，应该马上组织人员对艇筏内的属具备品进行清理。

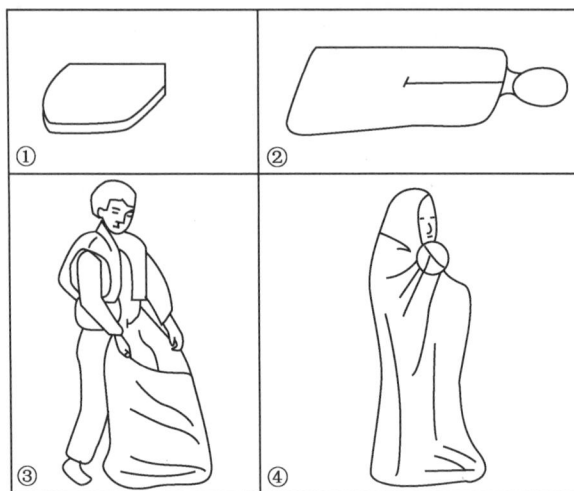

图 3-15　保温用具穿着示意图

1.船(艇)长立即组织相关人员对艇筏内的物品进行分类清点,并分别将食品、淡水、医药及其他属具安排专人负责保管和使用。在救生艇筏的属具备品中,维持生命的水与干粮更是重中之重,必须重视,必须严加管理,必须合理而公平地使用。使海上求生人员在最少维持活着的物质条件下,延长活着的最长时间,直至获救。

2.随时可用的物品要安排值内勤的人员专门保管使用,不常用的物品要固定存放好。

3.淡水和食品的分配要由专人负责,在分配时必须要留有充分的余地,分配要公平合理,除了伤病员外,不得有任何特殊照顾。即使需要有特例,也要征得全体乘员同意。

4.对于锋利的器具,要由专人保管使用,要用一次取一次,避免发生伤害艇筏、物品、人员的意外事故。

5.按照应变部署分工携带到救生艇筏上的物品也要统一清点,全体人员合理使用。

6.个人在弃船求生时所携带的私人物品由个人保管使用。在个人自愿的情况下,按照个人意愿分配使用。

7.要防止属具备品掉落海里,杜绝随意地将物品抛投到海里,避免产生应急使用时的惊慌失措,影响救生艇筏的使用和人员的安全。

(六)海锚的正确使用

在《LSA 规则》中要求,救生艇的属具备品中要配有适当尺度的海锚(Sea anchor)一只,配有浸湿时还可以用手紧握的耐震海锚索一根,海锚、耐震海锚索和回收索的强度要能在一切海况中适用。在救生筏的属具备品中要配有海锚两只,每只海锚配有耐震海锚索一根。一只海锚备用,另一只固定地系在救生筏上,其系固方法应该使海锚在救生筏抛投到水面上充胀成型时,能够让救生筏以非常稳定的方式处于顶风顶浪。海锚、海锚索和回收索应该能在一切海况中适用,海锚应该设有防止绳索旋转的设施。

1.海锚的作用

海锚是配备在救生艇筏中的一个专用设备,是用于救生艇筏在漂流待救时,控制救生

艇筏位置的特殊设施。其主要作用:

(1)在大风浪中漂流待救时,抛出海锚,控制救生艇筏处于顶风顶浪的状态,防止救生艇筏被风浪打横,避免救生艇筏被正横来的风浪造成倾覆。

(2)在漂流待救时,抛出海锚,减缓救生艇筏随风、流漂移的速度,尽可能保持在难船附近的位置,以便于被搜救船舶、直升机发现,早日获救。

(3)抛投式救生筏在解脱艏缆起动准备离开难船时,可以利用固定地系在救生筏上的海锚,驶离难船。

(4)在非机动艇抢滩操作时,抛出海锚控制艇首冲向海面,艇尾朝向岸边抢滩,以防止艇被浪打横,造成倾覆。

2.海锚的基本构造

救生艇的海锚主要是由细纹帆布制成的,是一端设有一个大口,另一端设有一个小口,具有一定规格的设备。在大小口上各系一根专用绳索,系在大口的绳索习惯称海锚索,其绳索的长度为3~4倍艇长(约有30 m);系在小口的绳索称为回收索,其长度要求比海锚索长一些,其破断力都不小于5 kN(如图3-16所示)。

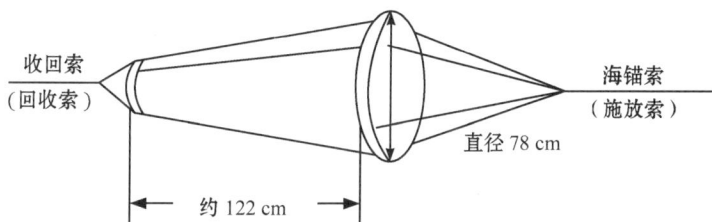

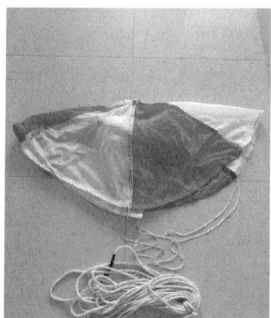
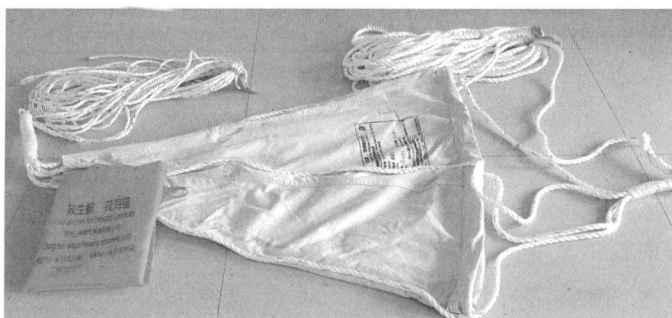

(a)筏用海锚图　　　　　　　　(b)艇用海锚图

图 3-16 艇用海锚及其属具的大致规格

救生筏的海锚主要由尼龙橡胶布制成,其构造大多数与救生艇的海锚类似,救生筏的海锚在规格尺寸上略小一些。另外,救生筏上还有一种海锚,是一块方形或长方形的尼龙布,四角系上绳索,汇集一起系牢在海锚索上,类似降落伞状。固定系在救生筏上的海锚大多数是这种类型。

3.海锚的施放操作

在施放海锚前,先检查海锚、海锚索和回收索是否处于良好的使用状态。如果在强度、构造上没有问题,将海锚索系固在艇首缆起动桩上,或者系在艇首横座板上,操纵救生艇使艇首处于顶风顶浪状态。在风浪的作用下,救生艇随着下风、流方向有了漂移的速度后,开始进行海锚的施放操作(如图 3-17 所示):

(1)从救生艇艇首将海锚抛出艇外,使海锚索在救生艇慢慢向后移动的作用下逐渐吃力,回收索不可以受力。

(2)待海锚索已经松放出去,海锚在救生艇向后移动的作用下,大量的海水从大口进入,从小口挤出,海锚在海面上有规律地上下起伏,海锚施放成功。

(3)将回收索松弛地系在艇首,注意观察缆绳与艇的接触部位的磨损程度是否严重,需要时在磨损部位进行包扎保护。

(4)海锚施放完毕,救生艇上值外勤的人员要经常注意观察海锚,避免海锚发生异常情况。

(5)回收海锚时,只能收拉回收索,海锚索不能吃力。

(6)如果是固定系在救生筏上的海锚,因为只有一根海锚索,所以施放和回收都需操作海锚索。在海锚受力大时,回收操作会很吃力,要注意安全。

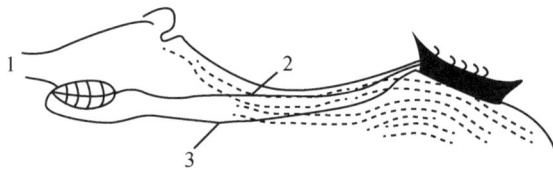

图 3-17　海锚的施放
1—海锚;2—海锚索(施放索);3—回收索

4. 海锚与布油袋配合使用

救生筏配备的海锚在构造上和救生艇一样,施放操作也基本相似。另外,在海面上风浪较大时,施放海锚同时配合着撒镇浪油的操作。操作时将镇浪油灌入布油袋内,镇浪油一般采用动、植物油或机油,布油袋灌满后,将袋口的专用木塞旋紧系好,把布油袋用系绳索牢固地连接到海锚上。施放海锚时,将布油袋与海锚一块投放入海,袋中的镇浪油就会不断地从袋口木塞的孔眼中渗流出来,逐渐地布满在救生艇四周的海面上,减轻波浪对救生艇的破坏力。

二、相关实操训练

1. 实操训练内容

(1)弃船求生综合演习。

①鸣弃船信号、携带个人救生衣及应变部署表分工应携带物品。

②人员艇甲板集合,清点人数。

③降放救生艇。

④登艇。

⑤收艇,器材归位。

⑥现场讲评。

(2)海锚的施放与回收操作。

2. 实操训练的目的和要求

为了使学员将学习过的求生、救生的操作技能综合利用,进一步适应弃船求生、登艇、离船,在海上操艇待救的全过程,要求全体学员以练为战、以假为真,全面熟悉海上求生、救生艇操纵管理中的要点,以便于在应急中应用。通过海锚的施放和回收训练,进一步加深理解海锚对于救生艇筏安全操作中的重要作用;熟悉救生筏翻覆后的基本状态,掌握翻覆救生筏的扶正要领。

3. 实操训练的条件

(1)配有重力式吊艇架的训练场地。

(2)机动艇操纵所需的水域。

(3)救生衣1件/人。

(4)应变部署表1套(包括个人应变任务卡)。

(5)配足应变部署表中所规定携带的物品。

(6)海锚(包括艇用和筏用两种)、日光信号镜以及火箭降落伞信号、手持红火焰信号、橙黄色烟雾信号等。

4. 实操训练的步骤

(1)上课前根据学员班级人数等情况,结合训练场所设备、器材等实际情况,编制出一套应变部署表和应变任务卡。

(2)集合学员确认人数说明本次综合演习的安排,分配应变任务,让学员熟悉本人任务、位置、角色,并提出综合演习的要求及注意事项。

(3)警报鸣响七短一长声,全体人员按照应变部署表的分工携带物品、器材,做好弃船求生的准备,到指定场所集合。

(4)做好降放救生艇的准备工作,降放救生艇,人员有序地登上救生艇。

(5)将艇降放至水面,脱钩离开难船一段距离,待救。

(6)进行救助落水人员的操作,救护伤病员。

(7)施放海锚,减缓随流(风)漂移的速度,艇筏集结。

(8)进行救生艇物品的管理、分配使用。

(9)收起海锚,操艇靠近救助大船。

(10)收艇,人员登岸(船),固定救生艇。

(11)解除警报,全体人员收拾物品、器材归位、存放。

(12)现场讲评,做好教学总结。

5. 实操训练的要点

(1)弃船综合演习的关键在于事前筹划周密、仔细,做到有备而行。

(2)在施行时,全部动作都已经操作训练过,教师主要是监督、检查执行是否正确,注意安全。

(3)要注意各个环节的转移,真实不脱节。

(4)以练为战、假戏真做,做好最后的教学总结。

6. 实操训练的注意事项

(1)进行演习前,教师要考虑周密,准备齐全,认真思考每一个环节,避免因教学活动中出现差错而降低演习效果。

（2）应变部署应该既结合船上情况，又要遵照训练场所设备器材的实际情况，进行分工、分责。

（3）在整个教学活动中，教师应该使每个环节都在监督和掌控之中。

（4）有些演习可能条件不充足，但口令要有，动作要做，关键环节不可疏忽。

知识拓展

一、救生艇推进装置的一般要求

救生艇是海船配备的主要救生设备之一，推进装置又是救生艇在海上救生中发挥重要作用的主要设施。推进装置也就是通常所说的艇机。《LSA 规则》对救生艇的推进装置提出了比较详细的技术要求。广大船员应该熟悉这些技术要求，并能熟练地进行机器操作。轮机管理人员更应该全面掌握，便于维修、保养和正常操作使用。

推进装置的主要技术要求有：

1. 艇机应该用压燃式发动机驱动，其燃料的闪点温度必须高于 43 ℃（闭杯试验）。

2. 艇机应该设动力起动系统和手起动系统。如果不设手起动系统，应该设两个独立的可充电的动力起动系统。

3. 艇机应能在−15 ℃的环境温度中，正确操作起动程序后 2 min 内将发动机起动。

4. 艇机应该能在救生艇离水冷起动后运转不少于 5 min。

5. 当救生艇内进水，水浸入曲轴中心线时艇机仍能正常运转。

6. 艇机应该设有正车和倒车的推进装置，螺旋桨应该能从艇机脱开。

7. 艇机排气管的布置应该能够防止水进入正在运转的机器内。

8. 推进系统的布置应该能够保护水中人员的安全，同时能够防止损坏推进设施。

9. 满载时救生艇在静水中前进的速度不少于 6 kn，拖带一个满载 25 人的筏在静水中前进的速度不少于 2 kn。

10. 艇内应该有足够的供满载的救生艇在静水中以 6 kn 的前进速度持续航行 24 h 的燃油。

11. 艇机及其附属设施应该设有阻止燃烧的罩盖。

12. 应该限制救生艇发动机在运转时产生电磁波的辐射，不至于干扰在艇内使用的无线电设备的正常操作。

13. 在艇内的所有设备、设施使用的电池都必须是独立的，并可以再次充电。

14. 艇内应该设具有防水效果的起动和操作艇机的说明。

15. 全封闭式救生艇的艇机应该在艇处于任何状态下都能够正常运转。如果艇在倾覆时艇机自动停止运转，当艇体扶正后，艇机应能正常起动、运转。艇在倾覆时燃油、润滑油从发动机流失的量不超过 250 mL。

二、弃船后对救生艇的注意事项

救生艇筏离开难船 1/4 n mile 左右，等待 2~3 天。在这段时间里，主要的任务是漂流待救,是等待,绝不可以远离,以免错失被搜寻救助的良机。漂流待救的救生艇筏应主要达到两个目的:保护好海上求生人员;使救生艇筏的位置保持在一定的水域漂流待救。此外,救生艇筏应利用可能的条件和方式积极争取早一点被发现。在救生艇筏集结完毕后,为了有利于海上求生的成功,要明确告知所有的救生艇筏加强联系及联系的方法,统一使用救生艇筏的属具备品。减少值外勤的人员,明确领导,服从指挥,发挥好海上求生的集体力量,减少海上求生的失败因素。

在离开难船、到达漂流待救水域后,救生艇、救助艇的主要任务是拖带、集结所有的救生筏、救生艇。集结艇筏可以相互关心、照顾,增加海上求生人员战胜困难的信心,坚定求生的意志;还可以增大目标,有利于被发现;另外,还要注意搜寻救助已经落水的求生人员。除此之外,救生艇应该努力做到:

1. 施放海锚,关闭艇机,漂流待救。若非必需,不得开机,节约燃料,以备万一急需时使用。

2. 救生艇筏集结在一起,要注意防止海锚的索具相互搅缠,影响减缓救生艇筏漂移速度。因此,艇筏集结时,要注意相互之间的排列位置。

3. 救生艇、救助艇在集结时,最好在边侧,以便于随时机动之用。

4. 刚开始漂流时,要注意记住救生艇首所指的罗经航向,根据船舶发生海难事故的船位,推算出漂流待救水域的大概位置。

5. 船长、大副或救生艇筏的负责人,利用当时条件允许的最简单的方法,测算出救生艇漂移的速度。

6. 掌握救生艇的大概位置、艇首方向、漂移的速度,都是为了明确自己的位置,积累信息,便于下一步海上求生的安全进行,以及能够向搜寻船舶、直升机报告自己的准确信息。

7. 及时地利用时间检查艇机,以保证大风浪时海上求生的安全。

8. 在漂流待救中,大风浪来临前,要关闭救生艇的所有门窗,关闭艇机的海底阀,检查艇机的排水管,保证水密,防止风浪打进救生艇内。除非应急,否则禁止人员走出艇外。

9. 大风浪来临前,还要扩大集结艇筏之间的间距,减少艇筏之间的撞击,避免救生艇筏的损坏。艇内人员将自己固定在座位上,艇内的可移动物件也要固定好。

10. 在救生艇漂流待救期间,还要按照海上个人求生的专业知识和技能,维护好干燥、温暖的求生环境,做好海上求生人员的自身保护。

三、弃船后对气胀式救生筏的注意事项

由于气胀式救生筏的构造特点,在漂流待救时,需要做一些符合救生筏特点的操作。抛投式救生筏收起海锚,割断缆绳,离开难船后,经过自身的努力或由救助艇、救生艇拖带到漂流待救的集结水域。用缆绳与其他救生艇筏集结在一起,重新抛出海锚,将海锚索固定在筏内扶手绳上。救生筏内的人员应该立即进行下列工作:

1. 仔细检查救生筏的浮胎、篷柱是否有漏气的迹象,压力是否充足;如果有不足,应该堵漏或取出充气器进行补气,必要时充气器管可以直接连接在补气阀口上,以便于随时进行补气操作。

2. 将安全阀(溢气阀)用专用橡胶塞旋紧堵上(如图3-18所示)。

3. 用充气器向双层筏底充气(如图3-19所示),使筏底充胀成型,筏内人员与海水之

图 3-18　安全阀与橡胶塞

间形成了一个气垫层,可以减少筏内温度的散失,保持筏内的温度,同时又增加了筏底的刚性,增大了安稳感和舒适性。

4. 将可浮救生环的绳索收盘好,备好可浮救生环,存放在筏的进出口旁边,以备发现落水人员立即抛投出去,及时救助。

5. 从备品袋中取出雷达反射器,组装起来并固定竖放好。

6. 指派专人负责清点筏内的属具备品,并进行分类和派专人负责,便于随时使用。

图 3-19　用充气器向双层筏底充气
1—篷柱;2—安全补气阀;3—上浮胎;4—下浮胎;5—
手动气泵;6—排气胶管接头;7—筏底充气阀

7. 清除筏内积水,保持筏内干燥温暖。关闭筏的进出口门帘,筏内人员面向筏的中央,依靠着筏的浮胎,两腿伸开,相互挤靠着围坐在筏的四周。

8. 注意节约海水电池的使用,限制使用照明灯,点灯时间由船长统一指挥决定。

9. 大风浪来临时,将筏进出口的内外门帘封闭固定好。筏内人员使用内侧扶手绳或其他绳索将自己固定在浮胎上,既稳定了每一位人员的位置,又保证了救生筏的稳定性。

10. 天气炎热时,打开进出口门帘,调整通风,放掉筏底夹层的气体,必要时可以向筏的篷帐顶泼水降温。

11. 在筏内需要排尿时,要先排在一个容器里,再倒入海中。防止人员掉入海里。

12. 值外勤负责瞭望的人员,要在专门的瞭望口瞭望值班,既保护了值班人员,又避免了筏内温度的散失。

在救生筏的属具备品中还各有补筏工具一套,内有专用的圆锥形且刻有螺纹的橡胶材料制成的专用的补洞塞。

在检查中,如果发现破洞口近似圆形、口不大,可以直接使用补洞塞(如图 3-20 所示)旋进破口进行补漏。如果发现破洞稍大或者是稍长的裂缝,可以使用补漏工具中的补洞夹(如图 3-21 所示)。先将补洞夹的固定螺栓打开,将夹的一面放在破洞口的外面,从破洞口引进螺栓;将另一面夹穿进螺栓挤压住破口,使用固定螺栓拧紧,即可以堵住破洞。

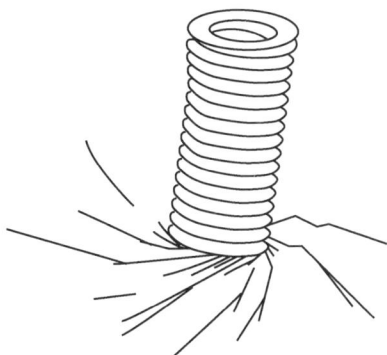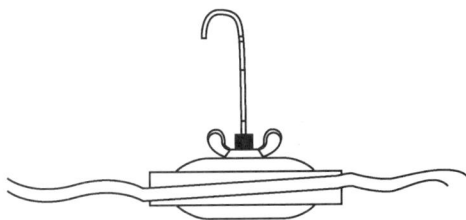

图 3-20　补洞塞　　　　　　　　　　　　图 3-21　补洞夹

如果破口使用专用工具不能够进行封堵,补筏工具袋中还有粘补的物料,使用剪刀剪裁一块至少比破洞大 25 mm² 的尼龙橡胶布,用砂布打磨一下破洞口的四周,再将补丁打磨去掉蜡光面。在补丁和破洞口的四周均匀地涂上胶水,待胶水稍干后,将补丁粘贴在破口上,积压平顺,大约 5 min 后再进行充气。粘贴时要注意,补丁的经纬纹要与筏体破洞的原件一致才能使补丁与筏体均匀受力,保证一定的强度。

四、弃船后为使救生艇筏及早地被发现应做的主要工作

当船舶发生海难事故时,船长就应该果断地使用船舶所配备的无线电救生设备,向在附近航行的船舶、飞机以及主管机关、救助单位、船舶所属公司等相关单位报警求助,通报难船的船位、遇险的性质、需要救助的要求等相关信息。只要这些无线电救生设备处于良好的技术状态,操作使用无误,就能够把求救信息及时地传送出去,为海上求生人员能够及早地获救做好有力的保障。

目前,船舶无线电救生设备主要包括:全球海上遇险与安全系统(GMDSS)、船用甚高频无线电话、船用主发信机和主收信机、卫星应急无线电示位标、搜救雷达应答器、双向无线电话。其中船用主发信机和收信机、GMDSS 的主体设施、甚高频无线电话都是船用固定通信、报警设备。在 GMDSS 通信系统中,船舶遇险的报警可以由三条路线、三个方向来进行:船对岸(遇险船舶向海上救助协调中心,RCC)的报警;船对船(遇险船舶向航行在邻近船舶)的报警;岸对船(RCC 接到遇险报文后向航行在难船附近的某一艘船发出警报,指令其前往救助或监护)的报警。虽然是三条线报警,但最重要的还是船对岸的报警。因为,岸上获得各种信息多,可以为难船提供救助的手段比较多,指挥运用的救助资

源比较多,海上救助成功的可能性比较大。由于 GMDSS 系统的科学性、先进性和合理性,整体系统反应较快,能够使难船发出的报警信息迅速、成功地传向所求助的单位,使得海上求生成功的可能性大大提高。虽然船长在下达弃船命令时已经向外发出了求救报文,但是在离开难船时,必须按照要求将可携型无线电救生设备、卫星应急无线电示位标、搜救雷达应答器、双向无线电话等携带到救生艇筏上,以便于海上遇难人员更快、更好地获得求生、救助的成功。为了使在救生艇筏上的求生人员能够及早地被发现,救生艇筏在漂流待救时应该注意掌握好时机,恰当地运用好无线电救生设备和各种求救信号,以获得海上求生的成功。

五、海上救助

在艰苦的海上求生过程中,当求生者或遇难船舶被搜寻救助的船舶或飞机(直升机)发现后,海上求生者将面临海上求生的最后一个环节——海上救助。海上救助也是海上求生的一个重要环节,了解和掌握有关海上救助的知识,有利于海上求生人员及早地、安全地脱离风险,直至获救。

1. 船舶救助

船舶救助是海难救助中最常见的救助方式。救助船舶在收到或发现海难遇险求救信号后,应该尽可能与遇难船舶或人员建立联系,并且进一步确认遇难船舶或求生人员的准确位置,动员本船人员在思想上、物质上和行动上做好海难救助的准备工作。以最短的时间、最大的可能性、最安全的方式接近遇险求生人员,以获取救助的最大成功。

救援船通常在被救助的难船或救生艇筏的上风舷侧接近,然后降放下风舷侧的救助艇进行救助(如图 3-22 所示)。被救助的难船或救生艇筏应该服从救助人员的指挥,采取的主要行动有:

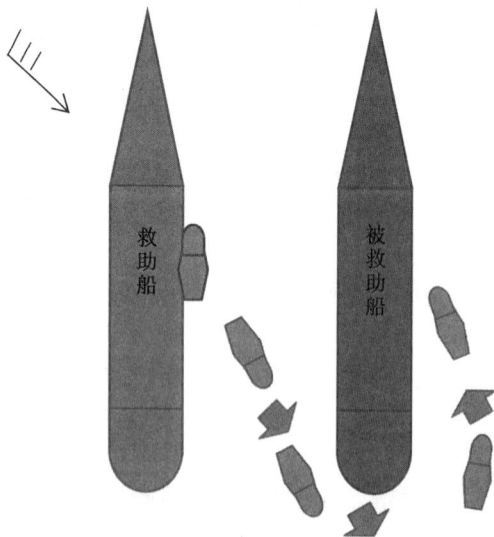

图 3-22　救援船派救助艇救助示意图

（1）如果风浪大，救助难船人员很危险，求生人员撤离难船非常困难，可以撒镇浪油，降放救助艇，还可以使用抛绳设备在两船之间带上钢丝缆绳、系接上滑车，借助救生裤或者类似的用具将求生人员转移到救助船上。

（2）当救助船接近救生艇筏时，救生艇筏内的人员应该收回海锚以及其他缆绳、绳索，避免绞缠来船的螺旋桨。

（3）在风浪中被救助人员或艇筏应该尽量不要横在救助船的船首，同时也要注意不要被风浪压到救助船的船尾，尽可能地集结到救助船的船中附近，以保证安全、方便救助。

（4）通常情况下，在利用救助艇进行救助时，救助艇上的救助人员先将救生艇筏的求生人员转移到救助艇上再送回到救助船上。

（5）如果在水中有漂浮的求生人员，可以利用救生环、救生圈将水中人员救助到救助艇上，必要时救助艇上的救助人员可以采取下水救助。救助人员下水救助必须得到艇长或船长的同意。

（6）如果救助船上起重设备合适，可以借助救助船上的起重设备将求生的救生艇筏及人员一起吊升到救助船上，以节省体力，增大安全性。

船舶救助时的注意事项包括（不限于）：

（1）救助时应该首先救助处在最危险位置的人员或艇筏，先救助妇女儿童、老弱病伤的人员。

（2）求生人员应该服从救助人员的指挥，尽可能地保持有效的联系。

（3）在利用救生环、救生圈救助时，被救助人员接到救生环（圈）后，应尽可能将救生环（圈）套牢在身体的合适位置上，以避免救助失败。

（4）在救助过程中，如果风浪较大应该撒镇浪油，为海上救助尽可能地创造好的条件。

2. 直升机救助

（1）海上救助直升机的特点

①直升机可以垂直升降，可以在较小的场地升起和降落，能在空中悬停，是非常理想的海上搜寻、救助的工具（如图 3-23 所示）。

②在正常天气情况下，直升机活动半径一般可达到 300 n mile 左右。

③直升机在一般情况下，可搭载人数 1～30 人。

④直升机抗风能力为 10 级，风速不超过 50 kn。在船舶横摇或纵摇超过 5°时，直升机降落到船舶甲板上就很困难。

⑤直升机的舱口和吊升设备一般设在右舷，因此直升机在进行救助吊升作业时，一般从被救助难船（救生艇筏）的左舷船尾进入。

⑥直升机救助是使用自备救助设备的。

（2）直升机的救助设备

直升机在海上救助时，利用吊升设备救助求生人员，在吊索的一端都连接着专用的救护吊升设备，主要有：

①吊带（吊环）（Rescue sling）：最常用、最适合快速地吊起求生人员（不适用于吊运伤病员）（如图 3-24 所示）。

图 3-23　海上救助直升机

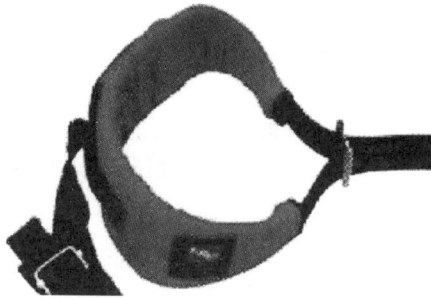

图 3-24　吊带(吊环)

②可折叠式吊篮(Foldable rescue basket)：可折叠式救援吊篮，水上救援常用装备之一。吊篮可折叠，存储、携带方便。展开后可容纳两人。连接环连接于绞车钩，实现从直升机上升降。两侧带浮筒，可浮在水面，便于被救者爬入其中(如图 3-25 所示)。

图 3-25　可折叠式吊篮

③吊升担架(救生担架)(Rescue litter)：专门用于直升机救助伤病员的设备。它与普通的担架不同，担架装有吊索并配有专用的吊钩，以方便与直升机的吊索迅速而安全地连接或脱卸(如图 3-26 所示)。

图 3-26 吊升担架(救生担架)

④吊座(Rescue seat):吊杆两侧各设一个锚爪型座板或类似一个三角形的座板,这种设备可以同时吊升两名求生人员(如图 3-27 所示)。

图 3-27 吊座

⑤吊笼(Rescue net):形状类似一个锥形鸟笼,某一侧开口,其余各侧都是绳网式装置(如图 3-28 所示)。求生人员从开口处爬进笼内,抓住绳网,即可吊升救助。非常适于救助落水人员。

(3)直升机救助难船人员

①直升机在实施救助时,需要与被救助的难船或救生艇筏保持持续的联系。最好建立无线电联系,无线电话在 2 182 kHz 频率,甚高频 16 频道(156.8 MHz)。

②直升机在接近船舶时,船长应该根据直升机驾驶员的要求,及时调整船舶的航向并保持定速航行。注意保持风向在船首左舷 30°左右,当救助区在船尾以外的位置时,来风保持相对于船首右舷 30°左右。

③直升机实施救助时,悬空高度一般距甲板(艇筏)27 m 左右,吊运区至少在 16 m 范围内无障碍物。在直升机降落区域按规定用白色的油漆标绘上"H"字样的标志。

④一般情况下,在进行吊钩操作时与直升机联络时的手势:

图 3-28　吊笼

勿吊升——两臂侧伸放平,四指握紧,拇指朝下;

吊升——两臂伸展至水平以上,四指握紧,拇指朝上。

⑤在救助吊升过程中,要始终保持吊带不脱钩、不滑脱。接近直升机舱门时,机上人员会协助被救助人员身体转为背对舱门,协助救助人员进入舱门。

(4)直升机救助艇上人员

直升机在对救生艇、救助艇上的人员进行救助时,救生艇上的人员一定要绝对服从直升机救护人员的指挥。在直升机接近救生艇时,操纵救生艇应该尽可能保持航向稳定,由直升机接近救生艇,不到万不得已绝不能试图操纵救生艇接近直升机。在直升机接近时,打开救生艇的尾门(或舷侧门),艇长位于门口负责与直升机的联络。艇内人员在没有接到命令的时候不得登上救生艇的顶部,穿好救生衣或救生服在艇内坐好。直升机在救生艇上空位置合适后送下吊升索具及吊环(吊带),艇内人员将吊带(吊环)拉进艇内,依据先后顺序穿戴好吊环(带),确认吊带(吊环)已经可靠束紧后将人员送出艇外,指挥直升机吊升(如图3-29所示)。在穿戴救生吊带(吊环)时要做到迅速可靠,创造最好的救助时机,保证救助的成功。

其注意事项包括(不限于):

①直升机一般采取迎风方式接近吊运区(或降落区),在直升机接近时最好有人在地面举一面旗帜,为直升机驾驶员展示一下地面风向。

②直升机在救生艇筏上方悬空时,由于受直升机向下气流的冲击,海面上会掀起大的风浪,可能会造成救生艇筏的倾覆。因此,救生艇筏上的人员应该聚集在艇筏的中央坐好,直至被救助吊升结束。

③所有被吊升救助的人员都要穿救生衣(除了考虑伤病员的需要可以不穿外),吊升时不要穿着宽松的衣服、戴帽子、头巾或遮盖未经捆扎的毛毯等。

④为了避免直升机吊升设备的金属部分带有静电与人体发生放电现象,被救助人员应该先让吊升设备接触地面(海水)后,再抓紧吊升设备。

⑤最后一名被救助人员在被吊离救生艇筏之前,应该把救生艇筏的灯、示位标全部关

(a)救生筏中吊升　　　　　　　　(b)直升机吊带（吊环）的穿戴示意图

图 3-29　直升机从艇筏中吊升救助

闭,避免被误导。

⑥在救助时,被救助人员要绝对服从指挥,严格遵守秩序,严禁争先恐后。

六、救生艇的检查与维修保养

1.使用准备状态、维护保养与检查

（1）使用准备状态

在船舶离港前及在整个航行期间,救生艇必须处于正常工作状态并立即可用。

（2）维护保养

①应备有救生艇船上维护保养须知,并应进行相应的维护保养。

②如果船上计划维护保养表包括了维护保养须知,则可用船上计划维护保养表来代替船上维护保养须知。

③吊艇索的保养:降落救生艇所用的吊艇索的两索端应互相调头,间隔不超过 30 个月;若由于吊艇索变质而需要换新时,或在不超过 5 年的间隔期内(取其较早者)应予换新。若不采用"两端调头"的方法,而是定期检查吊艇索,任何时候发现吊艇索由于变质而需要换新时,或在吊艇索使用不超过 4 年的间隔期内(取其较早者)都应予以换新,并且主管机关也应予认可。

④备件与修理设备:救生艇及其易损或易耗而需要定期更换的部件,应配有备件与修理设备。

（3）检查

①每周检查

a.船上的所有救生艇及降落设备应进行目视检查,以确保其立即可用。

b.只要环境温度在起动和运转发动机所要求的最低温度,救生艇的发动机都应进行运转试验,时间不少于 3 min。在这段时间内,必须保证齿轮箱和齿轮箱传动系统运行正常。

c.通用应急报警系统应进行试验。

②月度检查

a.每个月都应该对救生艇进行彻底的检查,包括救生艇的属具和备品,以确保完整无

缺并处于良好状态。检查报告应载入航海日志及检查和维护保养记录簿。

b.对于金属箱柜装、塑料桶盛装的淡水,每个月更换一次;若配备主管机关认可的密闭瓶装淡水必须在截止使用日期之前换新。

c.救生艇内的食品每半年抽查一次,如果发现有变质、发霉的,应该全部换新。

d.每年将救生艇表面油漆一次,使其表面颜色新鲜、标记清楚。

e.每年船舶进厂修理时,都要对救生艇浮力等进行必要的检测和试验。

2.救生艇日常维护保养和检查的工作内容

救生艇的维护保养和检查直接关系到救生艇的使用效果,因此也直接关系到船舶遇险后船员的生命安全能否得到保障。虽然在日常保养和检查工作中,主要由三副负责具体的工作,但对于艇机的保养和检查,由船上的三管轮负责;船长、大副应积极参与救生艇的检查和保养督促和指导三副的工作;船公司也应从安全角度出发,加大对救生艇的保养和检查工作的监督力度,确保救生艇的状态完好,满足要求。

(1)必须保证救生艇的结构、部件、设备和属具处于完好和随时可用状态。

(2)制定和张贴"救生艇放艇操作方法",要定期对全体船员进行救生艇操作的船上培训。

(3)每个月都检查救生艇的结构水密情况,艇壳有无变形、裂纹,空气浮箱是否正常,吊钩和基座、连接螺丝等是否严重锈蚀。

(4)每个月检查"救生艇放艇操作方法"以及有关的张贴物是否正确,有无丢失、破损或模糊不清。

(5)按照配备规定,每个月检查救生艇属具是否齐备、丢失或损坏。对有使用期限的粮食、淡水、药品及救生信号等应特别注意检查是否处于有效期内,还应检查各属具的标记是否明显清晰。

(6)每个月检查吊艇架的活动部件是否活络,有无锈死或油漆卡死的现象。检查吊艇钢丝有无断丝,润滑油是否硬化,艇架的限位开关是否正常,并检查动力装置与手动收艇装置之间的连锁保护装置是否正常。

(7)要定期试验、维修、保养艇机及其属具。

(8)每个月对机动救生艇检查发动机的起动、运转,离合器的闭合、脱开、正倒车等动作是否正常。

(9)每个月检查吊艇架机械系统是否正常。

(10)每个月救生艇应扬出舷外,放至干舷,船员就位并进行属具清点;每3个月救生艇应脱钩降放入水一次,并进行操艇训练。上述演习进行后要记录在"航海日志""轮机日志"和"船舶演习记录簿"上。

(11)对救生艇设备及属具,要经常整理及保养。如有损失或过期失效应及时报告公司申请补充及换新。

(12)救生艇架、钢丝和滑轮等活动部件应每3个月检查、除锈、涂漆和加润滑油一次;吊艇钢丝按时间调头或换新,该项工作必须有记录。

(13)检查和保养的结果应记入"救生设备维护保养手册"中,船员无法消除的缺陷应由三副填写"消防救生设备缺陷报告",船长签字后上报公司。

3. PSC 检查中的常见缺陷

"PSC"是"Port State Control"的缩写,是人们对港口国监督、港口国控制、港口国检查的习惯性说法,其核心意义是港口所属国家的主管机关对停靠在其港口的外国籍船舶的安全检查。检查范围包括:船舶及其设备状况是否与所持有的技术证书相符;船上的应急设备部署是否合格;船员的应变能力是否符合要求;船员对其职责相关的设备、设施操作是否熟悉、熟练等。港口国监督的主要目的是在船舶开航前发现和消除船舶的重大缺陷、隐患及其他不安全因素,保障海上人命和财产的安全,防止水域污染。港口国检查、评估后,担负检查的主管机关向所检查船舶的船长提供一份港口国检查的报告,说明检查的结果以及要求船舶应该采取的纠正措施等文件资料,并限期船长、船舶所有人纠正。港口国主管机关有权对有重大缺陷的船舶滞留。因此,广大船员在船工作期间,除了要熟悉自己的职责,熟悉对设备的安全操作外,更要保证对设备的维修保养,使其处于良好的技术状态。

PSC 检查过程中,对救生艇检查时,不允许存在的缺陷主要有如下三个方面:

(1)救生艇本身方面的缺陷

①艇外壳无艇身尺寸,艇外壳无艇号,艇无 IMO 编号。

②艇名、呼号字迹不清楚,艇顶部无船名和呼号,艇顶上字体太小。

③艇内红光火焰信号没有《SOLAS 公约》认证文字,艇内标识不齐全。

④艇没有防雨罩,艇罩无船名呼号。

⑤艇玻璃老化,艇外扶手绳浮子没安装。

⑥救生艇尾轴封故障,艇舵附近有锈。

⑦艇底板部分腐烂。

⑧艇外挡扶手绳缺少手握胶木。

⑨艇机不能正常起动或不工作。

(2)救生艇属具方面的缺陷

①艇内缺少磁罗经或罗经不好用或罗经的玻璃罩破碎。

②艇用磁罗经内液体混有锈色,罗经有气泡,罗经灯不亮。

③艇龙骨附近两侧无反光带,或反光带张贴不规范。

④艇内食品、药品、机器备件箱等未放于水密容器内。

⑤没有系固艇首缆起动,或艏缆起动未按要求始终连接在船舷栏杆上。

⑥艇桨腐蚀,艇海锚(Sea anchor)破损。

⑦手电筒不亮,艇探照灯不工作。

⑧艇内无工具箱。

⑨艇内铁水桶、水勺有锈或较脏。

⑩艇内口粮不气密须换新,食品到期。

⑪急救药包过期。

⑫艇内灭火器长期无检查记录。

⑬救生艇内干粉灭火器气瓶压力不足。

⑭艇内手动抽水泵固定板破损,或泵端盖漏气,或不能正常使用。

（3）救生艇存放方面的缺陷

①艇操作说明书未张贴。

②艇架上没有标记救生艇吊艇钢丝的两头对调的日期。

③缺少去救生艇甲板指示图标,缺少 IMO 救生图标。

④登艇梯口缺少扶手栏杆,或扶手栏杆损坏。

⑤通往登艇梯的活动扶手栏卸扣锈死。

⑥艇梯油麻绳有腐烂,艇救生绳梯有踏板损坏。

⑦艇机器罩未固定。

⑧固艇索钩不活络。

⑨艇电瓶电不足,起动失败。

⑩艇机未按要求检查修理。

七、救助艇的检查与维修保养

除兼作救助艇的救生艇艇机外,很多救助艇采用舷外发动机提供动力。对于舷外机应经常进行验视和检查,针对有些构件进行周期性的保养,有利于操作者熟悉机器,掌握机器的技术状况,有利于在操纵中合理地操作使用发动机。需要定期检查和维修的构件,主要是经常磨损和使用的构件。具体舷外机根据检查维修情况和使用说明书进行。此节简单介绍一下主要构件检修周期和舷外机可能的故障原因。

（一）主要构件的检修周期

1. 新机在磨合 10 h 后,应该清洗、检查调整一次火花塞,在磨合使用 3 个月后,应该再清洗一次,以后每 6 个月清洗、检查调整一次。

2. 每 6 个月至少对各活络部位进行加油润滑一次。

3. 齿轮油箱在磨合期后,应该更换一次;正常使用时每 6 个月(约用 100 h)更新一次。

4. 燃油系统应该每 6 个月全面检查一次。

5. 燃油过滤器磨合期(10 h)后,需要清洗一次;以后每使用 3~6 个月(使用 50~100 h 周期后)应该清洗或更换一次。

6. 燃油箱每年清洗一次。

7. 艇机每 6 个月进行一次慢速、预热调整。

8. 蓄电池每 6 个月进行一次阳极检查或更换,更换由专门维修店进行。

9. 艇机外壳每 3~6 个月进行一次清洗、检查,其主要工作是进行表面清洁,检查锈蚀程度,是否有损伤等。

10. 冷却水管道长期在使用中,至少每 3~6 个月进行一次淡水清洗;如果使用后吊离水面,应使用一次清洗一次。

11. 螺旋桨每 3~6 个月检查一次,主要检查车叶是否牢固,有没有损伤、锈蚀等情况。

12. 每 3~6 个月对配有的开口锁检查或更换一次,防止脱落后发生意外。

13. 每个月对蓄电池进行一次检查,接线柱清除积碳,检查表面是否有损伤,是否有渗漏,接线头和接线柱之间是否能正常固定等。

14.对于化油器设定、点火定时的检查和设定,至少每 3~6 个月由专业技术人员进行一次检查调整。

15.每 6 个月对螺栓和螺母进行一次全面地再拧紧调试。

(二)经常进行清洗检查构件的工作重点

1.齿轮油的更换

在每 6 个月(大约使用 100 h)进行一次齿轮油更换时,首先要在齿轮箱下放置一个适当的容器,以便于接盛齿轮箱的污油;然后拆下设在艇机下部的齿轮箱油道孔塞,再拆下溢油孔塞,使齿轮箱油完全排空;污油全部排空后,简单冲洗一下,将艇机直立放置好,用专用压缩加油装置将专用齿轮油注入油道孔中。当齿轮箱开始溢流出时,装入溢油孔塞并带油将其拧紧,再将油道孔塞装上拧紧。如果更换下来的齿轮箱污油浑浊不清时,应请专业技术人员进行检查。

2.燃油过滤器

燃油过滤器在每隔 3~6 个月周期大约使用 100 h 后,应该检查清洗一次,以保障发动机处于良好的技术状态。在拆检时,应该按照装配的层次逐渐拆解下来,并做好标记,包括垫圈、密封圈等,将滤网拉出用清洁的洗涤剂清洗,再用淡水冲洗洗涤剂,风干过滤网。清洗后,检查垫圈、密封件等是否有损坏。如果有,则必须选配合格的相同件更换。在组装滤清器时,要确保入油口油嘴与油管对准,将固定螺母拧紧,清理溢出的汽油。全部安装完毕,将供油管接上发动机入油口,挤压球形注入泵直至感到有压力反应。检查是否有漏油处,及时纠正,使其完好。为了防止在清洗检查时漏油太多,应该先将燃油喉拆除,再拆洗燃油滤清器。在清洗现场应该禁止吸烟、防止烟火,停止发动机运转,拆下供油管以保证安全。如果燃油中掺杂有水,滤清器中的浮体将会从底部上升浮起,发生这种状况时,取下滤清器盖将清水排出。

3.燃油箱清洗

每年应进行一次燃油箱的清洗。清洗燃油箱的作业非常简单,将燃油箱口部过滤器取出放入洗涤剂中彻底清洗干洗,再用淡水冲净,然后风干过滤器并存放好。将燃油箱排空,注入少量专用洗涤剂,并摇动燃油箱彻底清除污油。排空洗涤污水,清理干净使其风干。

4.慢速调整

每 6 个月即大约使用 100 h 后,应对发动机再进行快、慢速调试,其主要工作步骤如下:

(1)起动发动机在空挡位置运转,使其充分预热,同时注意检查机器运转是否平稳。

(2)在发动机达到充分预热后,才能进行正确的慢速调整。

(3)慢速调整主要是控制调整油门的止动螺栓:按顺时针方向转动止动螺栓,可以增大慢速额定值;按逆时针方向转动止动螺栓,则减小慢速额定值。

(4)功率在 4 500 W 左右的艇机慢速额定值在 950~1 050 r/min,功率在 6 500 W 左右的艇机慢速额定值在 750~850 r/min。

5.火花塞清洗

在正常情况下,每 6 个月即使用大约 100 h 后,必须进行火花塞的检查。火花塞是发动机构件中重要的零部件,而且便于检查。火花塞可以反映出发动机的某些状况:如果在检查中发现中心电极瓷芯非常白,表示在该汽缸内可能有进气泄漏或化油故障;如果电极严重损耗,或者积炭过于严重,必须用正确型号的火花塞更新,因为热和积炭会使火花塞慢慢地损坏和烧蚀。

在清理火花塞时,要小心轻放,避免火花塞瓷质部分破损。因其破损后工作时会产生火花,点着沉积在机盖内雾化的汽油引起火灾,所以要清除或擦洗火花塞的所有污垢。在拆除时,应将火花塞轻轻左右转动一下,慢慢拔出;在安装前应该用抹布将火花塞底座擦净,在火花塞瓷质部分及胶帽内涂敷上一层三保油脂,以防止锈蚀;在汽缸盖充分冷却时,方可安装火花塞;安装时不可过度拧紧,要用手拧,使其在 1/4~1/2 圈范围内即可;在拆洗安装时,不得损坏绝缘体;在更新火花塞时,要注意产品型号和电极间隙值,功率为 6 500 W 艇机的火花塞间隙值在 0.9~1.0 mm。

6. 清洗舷外机

要定期清洗舷外机。每次使用后,用淡水清洗本机壳体,以便于去除泥浆、盐分等污垢;要定期用肥皂水清洗壳体,晾干后涂上一层汽车蜡;在海水或者质地浑浊的水域航行后,应该用淡水冲洗冷却水管道。冲洗时选用一个合适的水箱,将艇机插入水箱内,用淡水注入水箱内,水位至少要高于防涡凹面板的平面;将操纵杆放于空挡位,起动发动机,做 3~5 min 低速运转;注意排水孔是否有冷却水排出,如果有,则正常冲洗冷却水管道,防止锈蚀或污浊物堵塞。

7. 电起动机器

电起动系统保险丝熔断后,打开保险盒更换 20 A 的保险丝;如更新后再次烧掉,应该重新对机器进行检修。

8. 检查蓄电池电解液面

每月至少检查一次蓄电池电解液面,应该始终保持电解液面在允许范围内;如果不足,可以加注蒸馏水,不可以添加普通自来水。

9. 发动机

如果发动机整体掉入水中,打捞上来后,应该用淡水冲洗干净,送往专门店进行保养。

10. 长时间不用

如果长时间不用,应该将冷却水完全排出,不可将齿轮箱放置在高于机头的位置;否则任何剩余的水留在废气套内都能倒流入汽缸,导致严重损坏。

11. 保持艇体干净

如果条件允许,应该经常保持水面下艇体的干净,防止海生物的积存生长破坏艇体并影响艇速。

(三)舷外机简单故障的可能原因

进行定期的预防性检查和维修保养,可以避免舷外机发生大的故障。在操作使用中,如果能及时地判断一些小的故障原因进行及时正确的根除,也可以保证舷外机的使用寿命。

1. 发动机不能起动的可能原因

(1)电瓶与接线松脱或腐蚀。

（2）起动保险丝熔断。

（3）电动点火装置有故障。

（4）燃油箱没有油。

（5）燃油软管连接错误。

（6）燃油软管被压扁、扭结。

（7）燃油泵有故障。

（8）燃油变质、浑浊或太脏。

（9）操作的起动步骤错误。

（10）燃油过滤器堵塞。

（11）操纵挡未放在空挡位置上。

（12）火花塞不清洁、有故障。

2. 发动机运转不规则或失速的可能原因

发动机运转不规则或者失速的可能原因，除了上述燃油系统的故障原因外，还可能有：

（1）未使用指定的机油。

（2）火花塞不洁净或其他故障。

（3）遥控器堵塞或有故障。

3. 发动机慢速值不稳定的可能故障原因

（1）燃油系统有故障。

（2）火花塞有故障。

4. 发动机转速不能升高的可能故障原因

（1）燃油管路有故障，过滤器堵塞。

（2）机油量太少。

（3）火花塞有污物或有缺陷。

（4）螺旋桨螺距或直径错误。

（5）艇上载荷分布不适当。

5. 发动机过热的故障原因

（1）未使用指定机油。

（2）机油量太低。

（3）机油已脏或变质。

（4）机油泵有故障。

（5）火花塞处于错误的热范围内。

（6）冷却水管道堵塞或泵有故障。

（7）温控器堵塞或有故障。

（8）艇上负荷超载。

6. 发动机转速过高故障的可能原因

（1）涡凹板失去作用。

（2）螺旋桨损坏或直径过小。

(3)纵倾角不合适。

(4)艇尾板太高。

7. 发动机转速过低故障的可能原因

(1)燃油供油管路异常。

(2)燃油不洁或变质。

(3)火花塞结炭,有缺陷。

(4)螺旋桨螺距或直径太大。

8. 艇速低

(1)产生了涡流。

(2)螺旋桨损坏或有故障。

(3)艇上负荷不正常。

(4)艇尾板过高或过低。

9. 发动机过度振动故障的可能原因

(1)螺旋桨轴弯曲。

(2)螺旋桨叶弯曲、断裂、失修或受阻。

(3)燃油系统内有水或污物。

(4)化油器混合失调。

(5)发动机固定安装受损。

(6)操艇阻力螺丝过松。

课后思考

1.试述机动艇推进装置的起动程序有哪些?

2.大风浪中如何操纵救助艇?

3.试述非机动艇的登艇方法。

4.艇筏漂流待救时乘员如何管理? 食品和淡水如何分配和使用?

5.海锚的作用和施放方法如何?

6.直升机的吊升设备有哪些? 各自的特点如何?

7.直升机救助时的安全注意事项有哪些?

项目资源

资源类别	资源编号/名称	资源描述	二维码
视频资源	VD3-1 救生艇艇机的操作	9 分 21 秒	
	VD3-2 划(荡)桨操作	9 分 25 秒	
	VD3-3 救助落水者	26 分 00 秒	
	VD3-4 海上救援	9 分 05 秒	
	VD3-5 正确登筏	3 分 34 秒	
	VD3-6 正确使用烟雾信号	2 分 18 秒	
章节练习	救生艇筏操作与管理章节测试	每题 2 分,共 50 题,60 分合格,30 min 内完成	
阶段测试	救生艇筏的基本知识,救生艇筏的降放和回收及艇筏的操作与管理	每题 2 分,共 50 题,60 分合格,30 min 内完成	

项目四　救生艇筏中的急救

项目描述

在船舶发生海难事故后,船上人员弃船求生登上救生艇筏,在海上求生过程中也往往需要进行一些医疗上的应急救护,因此对于海上求生人员来说知晓常用的医药救护技能和常识是必要的。

一、知识要求

(1)熟悉使用急救箱和复苏技能的相关知识。

(2)熟悉伤员处置,包括止血和控制休克的相关知识。

(3)了解和掌握海上各种环境条件下的特殊伤病及其救治。

(4)救生艇筏中急救药包的正确使用。

二、技能要求

(1)人工呼吸法的基本操作。

(2)胸外心脏按压的基本操作。

(3)外伤止血的基本操作。

三、素质要求

(1)以人为本、救死扶伤的人道主义精神。

(2)自觉学习、巩固、精通医疗急救知识和提高技能。

项目实施

任务一　人工心肺复苏及应急止血

一、相关知识

（一）人工心肺复苏的主要方法

1. 人工呼吸法

人工呼吸法是心肺复苏术中的一种重要而有效的方法。当呼吸停止、心脏仍在跳动或者心脏刚停止跳动时，用人工的方法使空气有节律地出入肺部，以供组织代谢所需的氧气，并排出二氧化碳气体，这种方法称为人工呼吸法。人工呼吸法是呼吸衰竭或呼吸停止时最重要的抢救措施，适用于溺水、触电、窒息、药物中毒等突发性的呼吸停止时的抢救。

常用的人工呼吸法分为五种：口对口人工呼吸法、口对鼻人工呼吸法、举臂压胸法、仰卧压胸法、俯卧压背法，其中口对口人工呼吸法效果最好。

在施行人工呼吸法操作前，应该做好一定的检查和准备工作：先将被抢救者尽可能安放在空气新鲜并流通的地方，解开被抢救者的领扣和腰带使其呼吸不受阻，取下活动的牙齿并除去口鼻腔内的异物，防止舌后坠。因为意识丧失的病人的下颚松弛，舌下垂与咽后壁接触，使呼吸道发生阻塞而影响气流通过。

（1）口对口人工呼吸法（如图 4-1 所示）

病人仰卧，操作者先将其颈部托起，一手手掌压患者上额，使头后仰，拇指与食指捏鼻；另一手把下颚托起，使下坠的舌根抬起，防止阻塞呼吸道，拇指压下唇使口张开。操作者深吸气后，将口紧贴病人的口，吹气使病人胸部扩张，然后放松病人鼻孔，吹气者的口就离开，由于肺弹性回缩，病人可被动地呼气。如此反复每分钟进行 16~18 次，使其保持正常人的呼吸频率，直至病人恢复自主呼吸或确诊死亡为止。对于有自主循环（可触到脉搏）的患者，人工呼吸维持在每分钟 10~12 次。

（2）口对鼻人工呼吸法

适用于牙关紧闭或口对口人工呼吸效果不佳者。操作者深吸气后，把病人的口紧闭以口对鼻吹气，操作方法与口对口人工呼吸法相似。

（3）举臂压胸法

使病员仰卧，在其肩下垫一枕头或较软的衣物，头偏向一侧，操作者跪于病员头前，双手分别握住病员两前臂近肘部将上臂拉直过头，此时病员胸部被动扩张使空气吸入。再屈两臂将肘部放回下半部，并压迫其前侧两肋弓，使胸部缩小，空气呼出。如此反复进行，每分钟 16~20 次。此种方法效果仅次于口对口人工呼吸法。此法特别适用于服毒的病

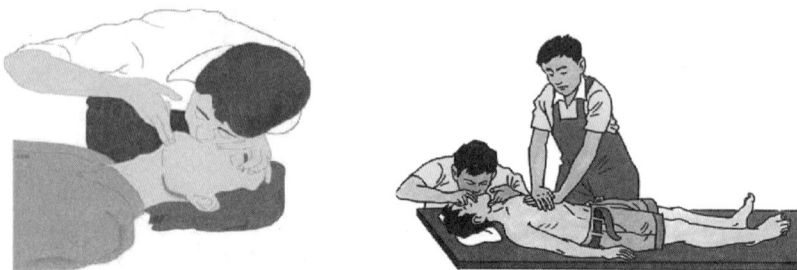

图 4-1　口对口人工呼吸法

员(如图 4-2 所示)。

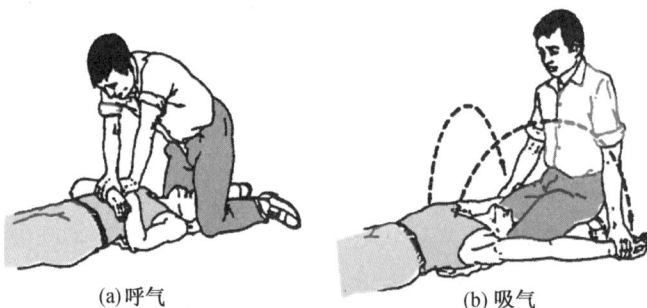

(a)呼气　　　　　　　　(b)吸气

图 4-2　举臂压胸法

(4)仰卧压胸法

病员仰卧,腰背部垫枕使胸部抬高,上肢放在身体的两侧,头转向一侧。操作者跪跨病员大腿两侧,用两手掌贴在病员两侧下胸部。拇指向内,其余四指向外,向胸部上后方压迫将空气压出肺脏,然后放松使胸廓自行弹回而吸入空气。如此有节律地每分钟按压16~20 次,注意推压时不要用力过猛,防止造成肋骨骨折(如图 4-3 所示)。

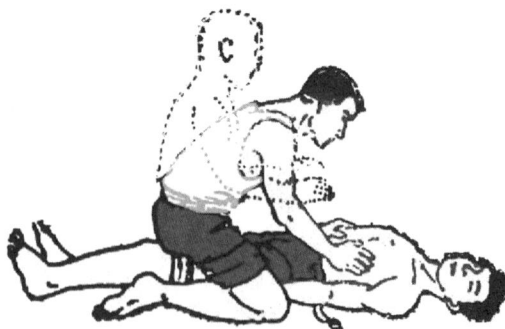

图 4-3　仰卧压胸法

(5)俯卧压背法(如图 4-4 所示)

使病员俯卧,腹下垫枕,头向下略低,面部转向一侧,以防口鼻触地。一臂弯曲垫在头下,另一臂伸直,急救者跪跨在病员大腿两侧,将手放在病员背部的两侧下方,相当于肩胛下角下方,向下用力压迫与放松。以身体重量向下压迫然后挺身松手,以解除压力使胸部自行弹回。如此反复进行,每分钟 16~20 次。此法对抢救溺水者较为适宜,可使水向外流出,舌也不致阻塞咽喉。

在进行人工呼吸时应注意:

①判断准确,快速进行。脑部缺氧超过 3 min,大脑皮质即可破坏致死,难以康复。判断病员是否有呼吸的方法很简单:把手放在病员的鼻孔下感觉是否有气体从口鼻出来,看病员的胸腹部是否有起伏运动。

图 4-4　俯卧压背法

②保持呼吸道通畅。先尽可能地将病员置于空气流通处,松开衣领和裤带,清除口鼻内异物。如有牙齿需取出,若舌头堵塞气道,则用纱布或布片包住后把它拉开。

③做口对口人工呼吸时吹气不宜过猛,吹气的时间占呼吸周期的 1/3,每次吹气时间应持续 1 s 以上。同时要观察病员胸廓起伏运动,轻轻隆起时吹气合适。

④服剧毒药物及口鼻部严重外伤者,不能做口对口或口对鼻人工呼吸;胸背部损伤明显者,不做仰卧压胸、俯卧压背及举臂压胸法人工呼吸。

2. 胸外心脏按压

心脏由于各种原因(如严重疾病、溺水、触电、窒息或药物过敏)会发生突然停止跳动,称之为心搏骤停。心搏骤停后脑血流量急剧减少,导致意识突然丧失。

判断心搏骤停的指征是:意识丧失,颈、股动脉搏动消失,呼吸断续或停止,皮肤苍白或明显发绀,胸前听不到心音。一旦确诊应立即采取抢救措施,要争取在 5 min 内恢复心跳,否则难以复苏。

(1)心前区拳击复苏法

如心搏骤停时间不到 1 min,而病因不是以缺氧为主,可先进行心前区捶击术。主要操作方法是:以左手掌贴于心前区(胸骨中下 1/3 段交界处),右手握拳,用拳底多肉位置从 20~25 cm 高度向左手背部迅速地猛然捶击 1~2 次,部分病人心脏可立即恢复搏动。如心脏搏动仍未恢复,则应立即改换胸外心脏按压术抢救。

(2)胸外心脏按压法

胸外按压是用人工的力量挤压胸部,维持血液循环,使心脏内的血液排入主、肺动脉,当放松时胸骨恢复原来位置使胸腔内负压增加产生抽吸作用,有助于静脉血回流入心脏。如此反复有节奏地按压,可改善全身血流量以维持有效的血循环,有利于维持重要脏器的血液灌注。胸外按压的操作方法是:首先要确定按压的位置,正确的按压位置是以胸骨下端的剑突为定位标志,在胸骨上 2/3 和下 1/3 交界处。具体位置的确定方法:将食、中指横放在剑突上方,手指上方的胸骨正中部位为按压区。操作者将一手掌根部放在按压区,与病员胸骨长轴方向平行,另一手掌重叠放在前一手背上,并保持平行,手指可相互扣锁或伸展,但不应接触胸壁。按压时,肘应伸直,依靠肩和背部力量,垂直向下用力按压,使胸骨下陷 5~6 cm。随后突然松弛,速率 100~120 次/分(2015 年 AHA 指南)(如图 4-5 所示)。

(3)胸压术的主要事项

①病员应仰卧放在硬板床上或地上,解开衣扣、裤带。

图 4-5　胸外心脏按压法

②按压部位应准确,约在胸骨的中下 1/3 交界处。如部位过低,可能会损伤腹部脏器或引起胃内容物反流;部位过高,可能损伤大血管;不在中线,可能会引起肋骨骨折。

③按压应平稳、均匀、有规律,按压和放松时间大致相等。如用力过猛可导致肋骨骨折、心包积血或填塞、血胸、气胸、肺挫伤、肝或脾撕裂等并发症,如用力太小则无效。

④若心脏按压同时进行口对口人工呼吸,按压或通气的比例为 30∶2,即每 30 次胸外心脏按压和 2 次人工呼吸交替进行,每个周期为 5 组,时间大约为 2 min。

胸外按压的有效指征是:可摸到大血管,如股动脉、颈动脉搏动,能测出血压,颜面肤色、口唇、指甲色泽转红润,瞳孔由放大逐渐恢复。

(二)外伤止血

人体内的血量相当于体重的 7%~8%,一个成年人有血液 4 000~5 000 mL,人体的一切生理活动都离不开血液的流动。出血是血管破裂或断裂后血液外流的一种现象。伤口大量出血如不及时止血,可危及生命。一般失血量达到总血量的 20% 以上,就会出现血压下降、休克等严重症状,失血量超过人体总血量的 40%~50%,就有生命危险。止血法是抢救伤员的一项重要措施,航海人员应该熟练掌握这一技术,以便遇到出血紧急情况时,能够及时而准确地进行自救和互救。

1. 出血的种类

(1)毛细血管出血

毛细血管出血的血为鲜红色,由伤口中慢慢渗出,往往在创面上形成血滴,逐渐汇成血流。出血不多,出血点不明显,量较少常可自行凝结,其危险性较小。

(2)静脉出血

静脉出血的血为暗红色,为持续性流血,多数是涌出或缓缓流出,出血点多在伤口远心端。

(3)动脉出血

动脉出血的血为鲜红色,出血速度快,有时形成血柱呈喷射状流出,出血点多在伤口近心端。

2. 出血的方式

根据出血部位的不同,可分为外出血、内出血和皮下出血。

(1)外出血

外出血血流出伤口外,可以看到、易辨别。一般外伤出血都属于外出血。

(2)内出血

内出血血流在体腔或组织内,不能看到,只能由症状识别。如胸、腹部受伤或某些疾病引起的出血。

（3）皮下出血

皮下出血皮肤未破，只在皮下软组织内出血，如挫伤、瘀斑等。

当身体大量失血时（800~1 000 mL）就会出现头昏、耳鸣、眼花、倦怠、不安、口渴等全身症状。若失血量超过1 000 mL，可出现皮肤苍白、四肢厥冷、脉搏细弱、呼吸急迫、血压下降、休克等症状。当失血量超过全身血量的1/2（全身血量占体重的7%~8%），就可引起呼吸和心跳停止。

3. 止血法

（1）指压止血法

指压止血法是根据全身动脉血管的分布情况，临时用手或手掌直接压迫伤口近心端的动脉干，将动脉干压迫在深部的骨面上使血管被压闭，以阻断血液的流通而达到止血目的。全身主要动脉的压迫止血点，如图4-6所示。

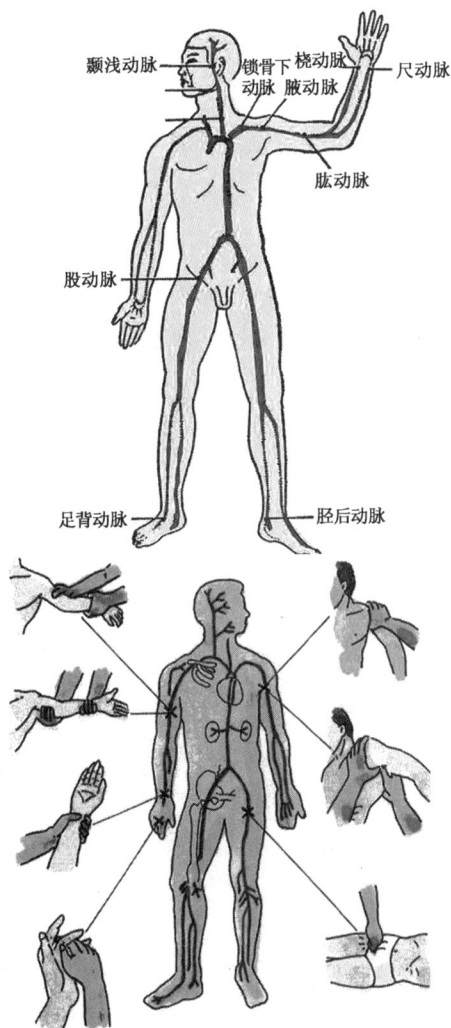

图4-6　全身主要动脉的压迫止血点

①颞浅动脉指压止血法

颞浅动脉指压止血法用于同侧的头顶部出血。部位在该侧的耳前,有一个动脉搏动处,压迫此点使血管闭合而止血(如图4-7所示)。

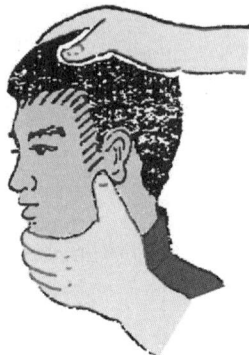

图4-7　颞浅动脉指压止血法

②面动脉指压止血法

面动脉指压止血法用于同侧面部的止血。急救者一手固定伤员的头部,另一手的食指或拇指在伤侧的下颌角前1.5~3 cm的凹陷处可触及有一动脉搏动,压迫此点可止血(如图4-8所示)。

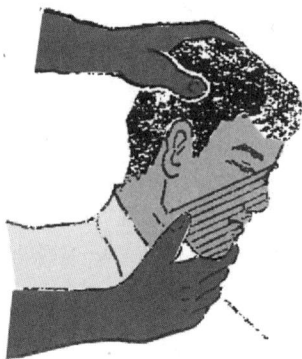

图4-8　面动脉指压止血法

③颈总动脉指压止血法

颈总动脉指压止血法用于该侧的头、面部的较大出血。该侧的胸锁乳突肌和气管之间有一较强搏动处,用拇指或其他4个手指,将颈总动脉压在该侧的颈椎横突上即可止血。压迫颈总动脉时,容易引起病人昏迷,所以一般不宜使用,更不能两侧同时使用(如图4-9所示)。

④锁骨下动脉指压止血法

肩部、腋窝部、上肢的动脉出血时,用拇指在伤侧的锁骨的上窝中部摸到锁骨下动脉搏动点后,将拇指向下后方对向第一肋骨压迫即可止血(如图4-10所示)。

图 4-9 颈总动脉指压止血法

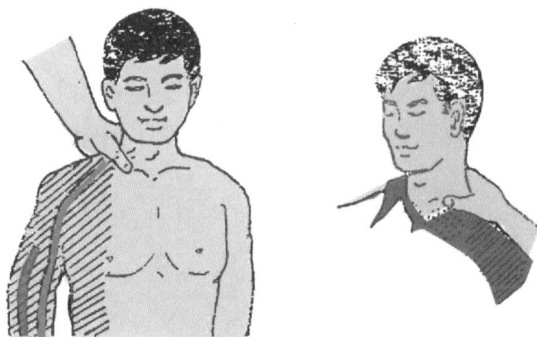

图 4-10 锁骨下动脉指压止血法

⑤肱动脉指压止血法

肱动脉指压止血法用于手、前臂的临时止血。一手将伤侧的前臂提起,使伤侧的前臂与肩平行,在肱二头肌内侧有止血点,用拇指或其他四指向肱骨干压迫肱动脉(如图 4-11所示)。

⑥尺、桡动脉指压止血法

尺、桡动脉指压止血法用于手部小动脉出血的临时止血。用双手拇指压迫患侧的手腕横纹后方 2~3 cm 的两侧动脉跳动处,即可达到止血的目的(如图 4-12 所示)。

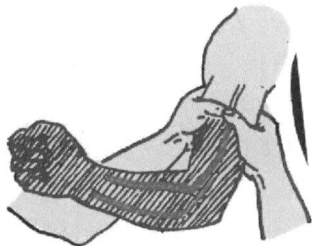

图 4-11 肱动脉指压止血法

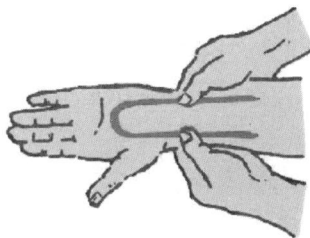

图 4-12 尺、桡动脉指压止血法

⑦股动脉指压止血法

股动脉指压止血法用于下肢动脉出血的临时止血。在伤侧的大腿上端腹股沟中间稍下方的搏动处,用两手的拇指或手掌重叠压迫该处,将伤侧的股动脉用力压在耻骨上即可止血(如图 4-13 所示)。

图 4-13　股动脉指压止血法

⑧胫前动脉、胫后动脉指压止血法

胫前动脉、胫后动脉指压止血法用于足部动脉出血的临时止血。足背中部有一动脉搏动处,足内侧与内踝之间也存在一动脉搏动处,用双手拇指将两个动脉同时压住即可止血(如图 4-14 所示)。

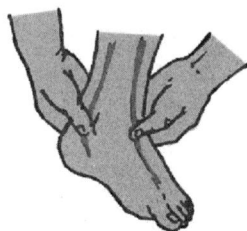

图 4-14　胫前动脉、胫后动脉指压止血法

(2)血带止血法

适用于四肢较大的动脉出血。用较软的布带或三角巾折成带状,或者使用橡胶管等在出血部位的近心端将整个肢体用力绑扎,以完全阻断肢体血流达到止血的目的。但此法使用不当能引起或加重肢端坏死、急性肾功能不全等并发症。

止血带止血法的种类主要有以下几种。

①橡皮止血带止血法

在绑扎部位先用毛巾或衣服垫好,用左手的拇指、中指、食指持止血带的一端(距上端 8~10 cm),然后另一手拉紧止血带的另一端绕伤肢缠两圈,再将止血带的末端放入左手食指、中指之间,最后食指、中指夹住止血带拉回固定(如图 4-15 所示)。

②勒紧止血法

四肢动脉出血,可在伤口上部用绷带或三角巾叠成带状或选用类似材料勒紧止血。第一道绑扎作垫,第二道压在第一道上面勒紧(如图 4-16 所示)。

③绞紧止血法

先用一小绷带卷放在出血动脉压迫点上,将三角巾折成带状,绕肢体一圈交叉在后,

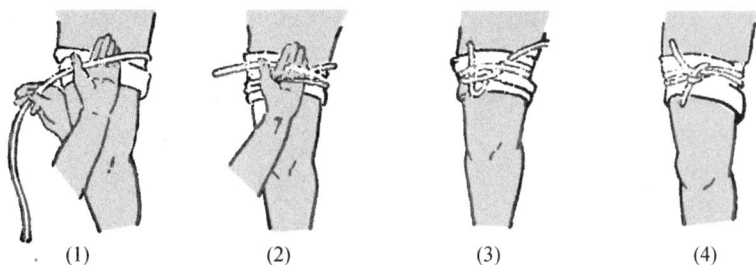

(1)　　　　　　(2)　　　　　　(3)　　　　　　(4)

图 4-15　橡皮止血带止血法

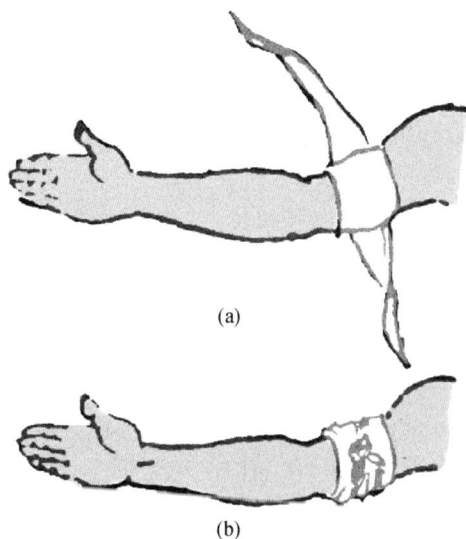

(a)

(b)

图 4-16　勒紧止血法

两端向前拉紧打一活结,绞棒插在外圈下提起绞紧,将另一端套入活结环内拉紧活结夹固定绞棒(如图 4-17 所示)。

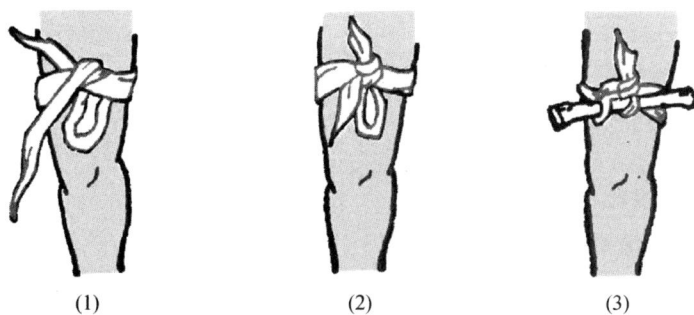

(1)　　　　　　　　　(2)　　　　　　　　　(3)

图 4-17　绞紧止血法

④使用止血带的注意事项

a. 扎止血带的部位应在伤口近心端,并应尽量靠近伤口。前臂和小腿不宜扎止血带,因其有两骨(前臂桡、尺骨;小腿胫、腓骨),骨间可通血流,止血效果较差。上臂扎止血带时,不可扎在上臂的1/3处以免损伤桡神经,引起远心端的肢体麻痹,应扎在上臂的上1/3或前臂的最上部。

b. 在止血带的下面要垫好衣服、毛巾等物,不应直接接触皮肤,并要垫平不应有褶。

c. 止血带绑扎的松紧要合适,以不流血为度。

d. 上止血带后,在明显位置标明上止血带的时间,以防止因肢体长时间阻断血流而致缺血坏死。

e. 上止血带时间要尽量缩短,以1 h为宜,最长不得超过4 h。在使用止血带期间,应每隔半小时到1小时放松止血带一次。放松止血带时可用指压法止血。放松止血带1~2 min后,再在稍高的平面上止血带,不可在同一部位反复缚扎。

f. 对上止血带的伤员,应注意肢体保暖。因上止血带后伤肢血液循环被阻断,肢体的血液供应暂时停止,所以抗寒能力低下,容易发生冻伤。

g. 取下止血带时,应缓慢松解,防止伤肢突然增加血流而损坏血管。特别是毛细血管,同时也防止全身血液的重新分布,造成血压下降。

h. 取下止血带后,由于血流阻断时间较长,有时伤员可感觉伤肢麻木不适,对伤肢进行轻轻按摩可缓解症状。

(3)加压包扎止血法

①敷料加压包扎止血法

敷料加压包扎止血法用于量不多、流血不急的出血,如毛细血管出血和小的静脉、动脉出血。方法是将无菌纱布(也可用干净毛巾、布料、手帕等代替)敷盖在伤口处,然后用绷带或布条适当加压包扎固定即可止血。但当有骨折或异物存在时则不适用。

②屈肢加垫止血法

屈肢加垫止血法适用于无骨折情况下的四肢部位的出血。方法是用纱布垫,放在肘窝、腿窝、腋窝或腹股沟部,用力屈曲关节,并以绷带或三角巾等缚紧固定,此法可用于控制关节远侧血流(如图4-18所示)。

二、相关实操训练

1. 实操训练内容
口对口人工呼吸法、胸外心脏按压法、外伤止血法。

2. 实操训练的目的和要求
学习并掌握常用人工呼吸法、胸外心脏按压法、外伤止血法。

3. 实操训练的条件
模拟人4个,人体模型1具。

4. 实操训练的步骤
(1)学员分组,实训指导老师先示范,学员分组练习。

(2)实训指导老师现场考核,改进不足。

(3)学员以自己为伤员,根据实训指导老师的示范讲解练习外伤止血法。

5. 实操训练的要点
(1)口对口人工呼吸法

①患者仰卧,头后仰,托起患者的下颌并使其口张开。

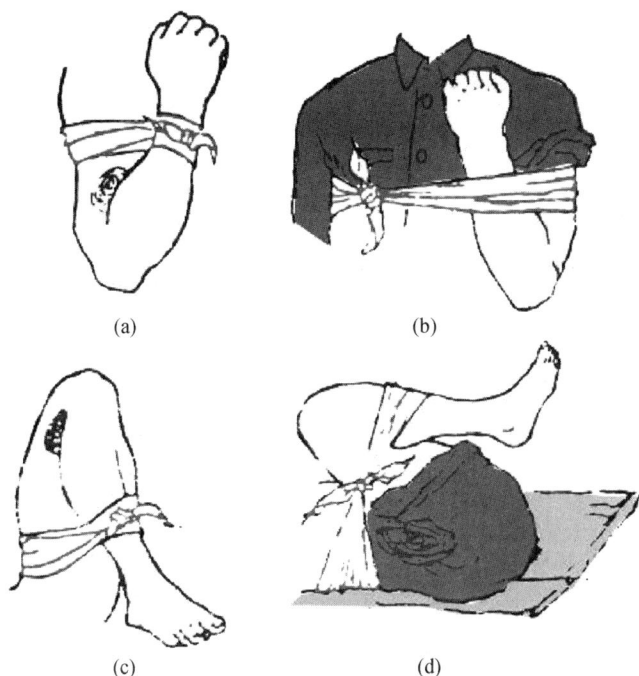

(a)　　　　　　　　(b)

(c)　　　　　　　　(d)

图 4-18 屈肢加垫止血法

②用右手捏住患者鼻孔,不使漏气。

③操作者每次先吸一口气,对患者口部吹入,至胸廓隆起为止。

④吹气停止后,松开双手,注意患者呼气声和待胸廓复原,稍作休息后,再行吹气,反复进行,每分钟 16~20 次。

⑤如另一人同时进行胸外按压,一般是胸外按压 30 次,人工呼吸 2 次。若单人操作胸外按压 30 次,人工呼吸 2 次。

(2)胸外心脏按压法

①患者仰卧在硬板床或地上。

②操作者跪在或立于伤员一侧,左手掌根部放于患者胸骨下段,将右手压在左手背上。

③利用身体重力及肩与上肢力量,将前胸向脊柱方向下压,使胸骨下陷 5~6 cm,随即两手放松。如此反复有节奏地进行,每分钟 100~120 次,同时与人工呼吸配合进行。

④进行按压时,要密切观察效果。如按压有效,则患者颜面肤色、口唇、指甲色泽转红,瞳孔缩小,颈动脉、股动脉可摸到搏动,并可测出血压,自主心律恢复。

⑤禁忌症:广泛肋骨骨折、心脏压塞、心脏外伤、张力性气胸等。

(3)外伤止血法

学员以自己为伤员进行自我感觉练习(具体参照本项目任务一中所述)。

6. 实操训练的注意事项

(1)口对口人工呼吸法

①将患者置于空气流通的地方。

②保持呼吸道通畅,如解松衣领,牵出后坠的舌头,清除呼吸道异物,如有活动假牙也应一道取出,以免阻塞呼吸道。

③头后仰,可在肩后垫枕头或其他物品,使气管伸直,若舌头堵塞气道,则用纱布或布片包着把它拉开。

④口对口吹气不宜过猛,吹气的时间占呼吸周期的三分之一。

⑤对服剧毒药者、口鼻部严重外伤者不能做口对口人工呼吸。

⑥人工呼吸要有节奏地、耐心地进行,直到自动呼吸恢复或死亡征象确已出现为止。

(2)胸外心脏按压法

①按压部位不当,易致危险。如部位过低,易损伤腹部脏器或引起胃内物质返流;部位过高,可损伤大血管;按压部位不在中线,则可能引起肋骨骨折。

②按压时用力不宜过猛,以免引起肋骨骨折、血气胸或肝破裂;若用力过小,则无效。

③心跳未恢复前,若要进行心内注射药物、查心电图等,需暂停按压,但时间不宜超过10~15 s。

④心肺复苏所需时间因病而异,如系电击伤所致的心跳呼吸停止,人工呼吸和胸外按压必须坚持下去,直至患者清醒或出现尸僵、尸斑为止。

任务二　救生艇筏用急救药包及专业担架的正确使用

一、相关知识

(一)救生艇筏急救药包(箱)

1. 在救生艇筏的属具中,固定存放着急救药箱或急救药包(如图4-19所示),药箱(包)中主要存放着一些救急性的药品和医护器械,船员应该熟悉这些药品和器械的正确使用,以备应急。以国内某厂家生产的艇筏用急救药箱为例,其常用药品及其说明如下(如表4-1所示):

表4-1　艇筏用急救药箱药品及其说明

序号	品名	规格	单位	数量	用途及用法
1	绷带	4.8×600 cm	卷	5	包扎止血
2	纱布	34×40 cm	块	10	包扎或敷药
3	三角巾绷带	底边130 cm;腰90 cm	块	3	包扎人体受伤的部位
4	医用胶布	1.2×100 cm	卷	1	用于固定
5	药棉	10 g	包	2	用于消毒或敷药

续表

序号	品名	规格	单位	数量	用途及用法
6	止血带	55 cm	根	2	用于动、静脉血管止血;绕肢体2~3圈,靠止血带收缩力压紧血管
7	镊子	12 cm	把	1	
8	绷带剪	10 cm;圆头	把	1	
9	别针	3 cm	只	10	用于定位或固定
10	酒精	75%	毫升	20	用于消毒
11	创可贴	2.5×2 cm	张	20	止血、护创
12	烫伤膏	20 g	支	2	用于水、火烫伤,防伤止痛,敷于烫伤处
13	抗生素眼膏	2.5 g	支	2	用于角膜炎、过敏性结膜炎,涂于眼内
14	止痛片	0.42~0.5	片	50	用于解热、镇痛、头痛、牙痛、感冒发热;口服,每日3次,每次1~2片
15	复方新诺明片	0.5	片	50	用于呼吸道、泌尿道、肠道等感染及败血病,口服每日2次,每次2片

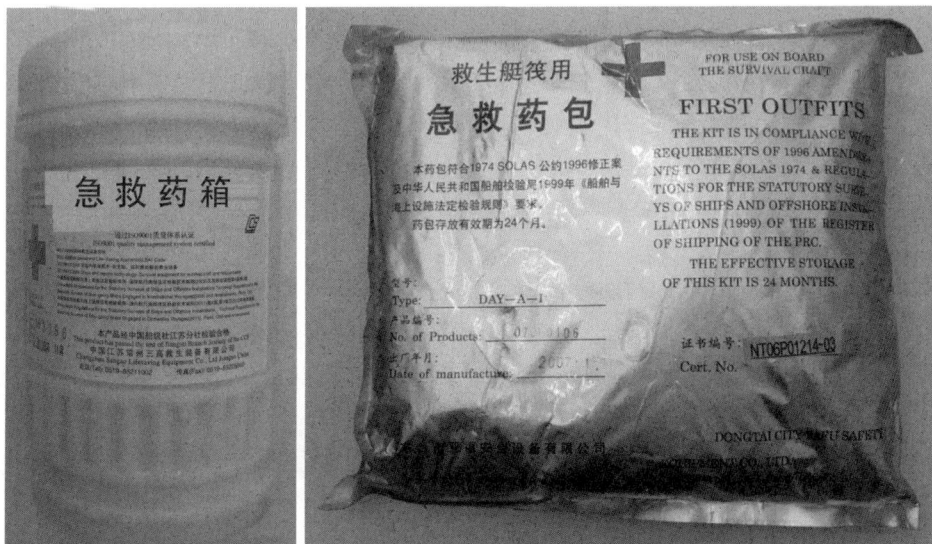

图 4-19　急救药箱和急救药包实物图

2. 艇筏中急救药箱使用管理注意事项

在救生艇筏中,急救药箱应放在固定的地方,要有专人负责管理。要熟知急救药箱内物品的名称、性能、使用方法。消毒敷料应保持其清洁、干燥。无菌敷料的大小,应超过创口周围 2.5 cm。使用消毒敷料包时,不可使手与包内消毒敷料或包的内部接触。使用器械前要进行必要的消毒。使用药物时要认清,不要误用。

(二)尼尔-罗勃逊担架

根据国际海事组织海员行为示范 Model course 1.23 中要求,艇筏实训中需要配备一套演习用的尼尔-罗勃逊(Neil-Robertson)担架(如图 4-20 所示),现简要介绍:

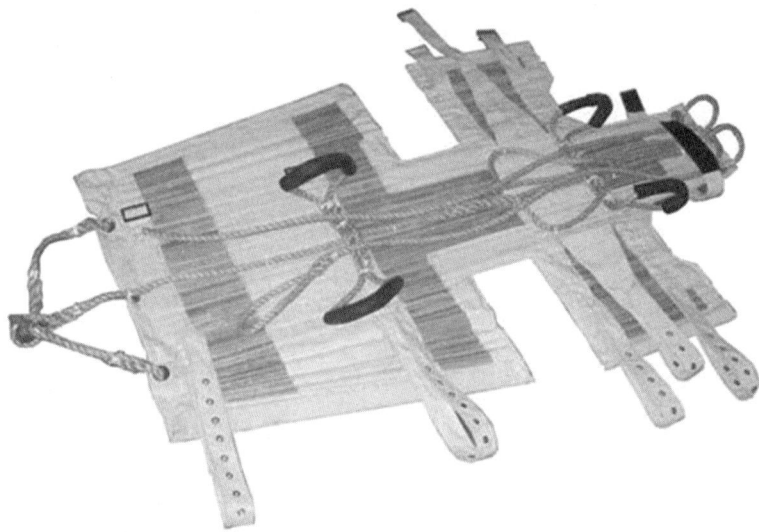

图 4-20　尼尔-罗勃逊担架

1. 主要用途及适用范围

尼尔-罗勃逊担架适用于各类船舶,标准符合世界卫生组织(WHO)编著的《国际船医学指南》规范本中建议的适应船舶特点的"罗勃逊担架"的要求。由于船舶的特点,船舶通道,上下垂直梯多,舷梯陡,普通帆布担架能垂直通过小舱口,不适合搬运骨折人员时。船舶在海中航行,远离陆地医疗机构,转送病人,尤其是外伤骨折人员时,不适合救助艇,直升机上使用。

2. 操作说明

(1)取出担架,展开平铺,帆布面向上。

(2)被救护人员平躺在担架上。上部有 1 条固定带,用于固定头部和担架;中部有 3 条固定带用于固定胸部;中部以下有一凹槽便于放担架;下部有 2 条固定带用于固定髋以下的下肢。

(3)担架底部有两个绳环,用于安置伤员双脚。担架从上部至底部由一组木条组成,可有效地保护伤员脊柱。

(4)被救人员在担架上安放固定后,救生人员握住担架背面黑色橡塑环将担架抬起。如使用直升机垂直起吊或用担架垂直从舱口处将人员吊离或将伤员垂直向下放到救助艇上,可把担架系固在起吊设备的吊架上,起吊担架。

二、实操训练

1. 实操训练内容

（1）艇筏急救药箱（包）的正确拆包，药品药械清点，用途、用法、用量等。

（2）利用尼尔-罗勃逊（Neil-Robertson）担架搬运伤员。

2. 实操训练的目的和要求

熟悉急救药包的主要药品、器械，能够根据伤员的情况合理使用急救药包重点药品和器械。能正确使用尼尔-罗勃逊担架固定和转运伤病员。

3. 实操训练的条件

急救药包 5 个，模拟人 4 个，人体模型 1 具，尼尔-罗勃逊担架 2 副。

4. 实操训练的步骤

（1）急救药包的认识及拆包。学员分组，实训指导老师先示范，学员分组练习。认真学习每件药品和药械的用途。

（2）尼尔-罗勃逊担架固定人体，模拟搬运或吊运。三人一组，一名学员扮演伤员，另外两名扮演救助者，根据实训指导老师的示范讲解练习担架固定及搬运方法。

（3）实训指导老师现场考核，改进不足。

5. 实操训练的要点

参照前述。

6. 实操训练的注意事项

（1）急救药包拆包时，应按包装外指示，小心谨慎。

（2）药品不要随便用口尝试，学员之间不要互开玩笑。

（3）爱护设备，使用完毕后归位整理，并做好使用记录。

知识拓展

一、艇筏应急救护

1. 溺水

溺水是指水进入呼吸道及肺内时引起窒息，造成心跳、呼吸骤停，直接危及生命。人淹没于水中，水充满呼吸道和肺泡引起窒息，吸收到血液循环的水引起血液渗透压改变，电解质紊乱和组织损害，最后造成呼吸和心跳停止而死亡。

溺水的主要原因：

淹没于水中时，落水者往往因紧张、恐惧、主动屏气，或发生喉头痉挛而使水分进入呼吸道造成窒息，表现为肺泡通气不足而导致缺氧、二氧化碳潴留，同时大量液体进入肺泡后妨碍肺正常的通气、换气功能，加重缺氧和二氧化碳潴留。

因海水和淡水成分不同，淹溺后所引起的身体变化也不同。

①海水淹溺：海水含有较高的盐分（3.2%~3.8%），对血浆来讲是高渗透溶液，海水进入肺泡后，能使大量血浆及水分通过毛细血管到达肺泡，造成血液浓缩和肺水肿，伴血钠、钾、氯增高。

②淡水淹溺:淡水不含盐分,对血浆来讲是低渗溶液,淡水进入肺泡后,经肺部毛细血管进入血液循环中使血容量增加,血液稀释造成溶血。红细胞破坏后引起大量钾离子析出,钾离子浓度增高易发生心室纤颤,造成心跳停止。

③对溺水者的救治

患者被营救上来后,要先清理呼吸道,清除口腔和鼻腔内的泥沙、杂物,以保持呼吸道通畅。对呼吸、心跳停止的患者立即进行心肺复苏,尽快进行口对口人工呼吸和胸外心脏按压。患者经抢救苏醒后,为预防吸入性肺炎,可用适量的抗生素,注意保暖。

2. 冻伤

寒冷的水域,对于海上求生者的生存构成巨大的威胁,轻者容易造成冻伤。如果求生者在 0 ℃以下的水温中漂浮待救,维持生命的时间仅有 15 min 左右。

（1）冻伤

局部冻伤主要是低温对局部的刺激引起血管强烈收缩造成的组织缺血。局部冻伤表现为皮肤苍白、冰冷、疼痛和麻木,复温后伤部表现与烧伤相似,按程度可分为四度。

（2）冻伤的防治

相对于水中,救生艇的保温条件要好得多。在救生艇筏内待救,应该保持求生环境的干燥和温暖,尽可能避免身体长时间被水湿,保持体温,保持干燥,避免冻伤。寒冷的手脚可以贴近自己的腹部取暖,也可以与艇筏内的人员相互取暖。这样可以使冻伤部位迅速恢复局部血液循环,使皮肤颜色和感觉正常。切记不可对冻伤部位进行揉搓,避免揉破皮肤受伤感染。

如果已经被轻度冻伤,可以经冲洗后涂抹冻伤膏,然后使用干燥的布包扎好;如果已经出现较大的水疱,可以使用注射器吸出其中的渗出液,然后包扎;如果冻伤稍严重,可以对创面进行消毒、包扎、保暖,待坏死组织分界完全明确后,方可切除坏死组织,创面换药。

（3）冻僵

冻僵主要变化是血液循环和细胞代谢受到障碍。损害一般从四肢远端开始,逐渐波及躯干,体温逐渐下降。当血液温度降至 28 ℃以下时,就会出现血管硬化,引起重要器官如神经系统的损伤,伤员感觉迟钝、四肢乏力、头晕,最后神志不清、知觉消失,呼吸循环衰竭。

（4）冻僵的治疗

迅速将患者移至暖处,搬动时要小心轻放、避免碰撞后引起骨折。脱去湿冷衣服,抹干患者身体,尽可能换上干燥的衣服,穿上保温服或者使用保温用具取暖,也可以用毛毯或被褥裹好身体,使患者在温暖条件下逐渐自行复温,必要时也可以选派一名健康的人员与伤者在一个保温服或保温用具中取暖。有条件的也可以借助热风或用 40 ℃左右热水袋温暖患者全身,使其缓慢复温。

3. 中暑

中暑是指在高温影响下体温调节功能紊乱,烈日暴晒或在高温环境中体力消耗较大所致的一组急症。在高温或在强辐射热的条件下,若不采取防暑降温措施就可能发生中暑。

中暑一般发生在气温超过 34 ℃时,在同样气温条件下,如相对湿度大,中暑发生的概率就大。环境空气不流通、体力消耗大、身体虚弱、睡眠不足、疲乏都可诱发中暑。此外在高温环境中,体力消耗大、分泌过量的汗液,没有及时补充水和盐也可中暑。

（1）中暑的分类

①先兆中暑

在高温环境中时间稍长后,会出现全身疲乏、四肢无力、头昏、耳鸣、胸闷、恶心、注意力不集中、口渴、大汗、体温正常或略有增高（小于 37.5 ℃）,有上述症状者为先兆中暑症。

先兆中暑者离开高温环境,短时间内即可恢复正常。

②轻症中暑

有先兆中暑的各种症状,同时体温在 37.5 ℃ 以上,伴有面色潮红、胸闷、皮肤灼热等,或有早期循环衰竭的症状,如面色苍白、恶心、呕吐、大汗、皮肤冷湿、血压下降、脉细而快者为轻症中暑。发生轻症中暑后若及时离开高温环境,休息 3~4 h 后即可恢复正常。

③重症中暑

凡有上述症状,并伴有昏厥、昏迷、痉挛或高热者为重症中暑。重症中暑又可分为以下四种类型。

a. 中暑衰竭。其为最常见的一种,是由于心血管功能不能适应高温的一种表现（高温适应一般需 1~4 周）,常发生在老年人及未能适应高温者。起病急,先有眩晕、头痛、可突然昏倒。平卧,离开高温环境即可清醒,如不及时处理,患者可出现无力、恶心、呕吐、面色苍白心脉弱、血压偏低等,而进入"中暑高热"。

b. 中暑高热。典型的中暑高热表现为高热、颜面灼热潮红,大多数人皮肤干燥无汗。呼吸快而弱,脉速达每分钟 140 次,测肛温超过 41 ℃,甚至高达 43 ℃,出现一系列神经精神症状,如神志模糊、昏迷、惊厥等。

c. 中暑痉挛。又称低钠血症,多发生在青壮年,而且往往发生在已能适应高温者,主要是由于在高温环境中劳动大量出汗后,没有及时补充盐分,可出现短暂、间歇的四肢骨骼肌的痛性痉挛,时间不超过数分钟,能自行缓解,有时影响腹壁肌、肠平滑肌和膈肌,应与急腹症鉴别。

d. 日射病。长时间在烈日下或强辐射热的条件下,可出现剧烈头痛、头晕、耳鸣、剧烈呕吐、烦躁不安,严重时可有昏迷、惊厥、体温正常或稍高。其主要是由于烈日或强辐射热的可见光和红外线,长时间作用于头部引起脑组织充血和水肿造成的。

（2）中暑的治疗

①先兆中暑及轻症中暑的治疗

先兆中暑及轻症中暑时,让患者离开高温环境到阴凉处安静休息,适当补充清凉含盐饮料,如疑有呼吸循环衰竭倾向时,可给葡萄糖生理盐水静脉滴注,对症处理。

②重症中暑的治疗

重症中暑时根据不同的类型给予相应的处理。

a. 中暑衰竭。应及时处理,防止向中暑高热转化,如主要为失水可给等渗葡萄糖水静滴,如主要为失盐给生理盐水静滴。

b. 中暑高热。应立即采取各种降温措施:

物理降温。将患者放置在 25 ℃ 左右环境中,并在头部、两腋下、腹股沟处放置冰袋,用冷水、冰水、50%酒精擦身,用电风扇吹风;药物降温。主要有氯丙嗪,口服或肌肉注射 25~50 mg,必要时可溶于葡萄糖盐水 500 mL 中快速静脉滴注,滴注时注意观察血压、心率、呼吸等,可协同使用对乙酰氨基酚口服、阿尼利定肌注。当肛温降至 38 ℃ 时应暂停降温,如有回升可重复降温。

c.中暑痉挛。口服含盐的清凉饮料,轻者即可控制,重者可给葡萄糖生理盐水静滴。

d.日射病。到阴凉处安静休息,头部用冰袋或冷水湿敷。

4. 晕船

在救生艇筏中,由于涌浪引起艇(筏)体颠簸,使人体前庭平衡器官受到异常刺激,从而产生眩晕和皮肤苍白、出冷汗、流涎、上肢不适,乃至恶心、呕吐等一系列自主神经反应的症状和体征,称为晕船。

晕船是一种最常见的航海疾病,一般无生命危险,但长期在海上航行,如晕船,不能正常进食,身体极为不适,对船员的身心会造成很大的损伤。

(1)晕船的原因

晕船的病因目前尚无肯定的说法,可能与下列因素有关:

①前庭因素。经观察,丧失内耳前庭功能的聋哑人和前庭器官发育不全的婴儿,或曾患化脓性迷路炎和迷路缺陷的人从不发生晕船。

②非前庭因素。包括视觉刺激,在航行时眼睛不断地看到起伏的波浪,由于视线不断变更容易发生晕船。

③精神因素。人在失眠、疲劳、心情不好的情况下容易发生晕船。还有的人发生多次晕船,以后一上船,即使船体未动,也可条件反射地引起晕船。

④其他因素。对感觉器官的不良刺激,如呕吐物的气味,不合口味的食物,均可诱发晕船。此外乘船时的体位,过饱饮食也与晕船有关。

(2)晕船的类型

依晕船表现的轻重,本病可分为轻型、中度型、重型。

①轻型:咽部不适,唾液分泌增加,吞咽动作频繁,上腹部有空虚感,似饥饿状,同时可出现头痛、眩晕、思睡、面色苍白、恶心等。

②中度型:头痛剧烈,厌食、恶心、呕吐反复发生,吐后自觉轻松,面色轻度潮红或苍白。

③重型:上述症状加重,感觉疲乏无力,胃内容物虽已吐空仍持续作呕不止,个别的甚至呕吐出胆汁或血液,有脱水现象,面色苍白,四肢厥冷,体温常低于正常体温。

(3)晕船的防治

晕船的防治主要有以下几个方面:加强锻炼,减少诱发因素及药物防治。

经历长期航海生活的老船员、渔民一般不易晕船,据报道大约20%的人经过锻炼可以提高抗晕船的能力,但对晕船的适应能力的获得是暂时的,长时间离船,再次上船时有的人仍会发生晕船。在陆地上可采用一些器械进行锻炼,如秋千、浪桥、滚轮、单双杠等。

改善救生艇条件氛围,降低噪声与振动,加强通风,保持艇内空气新鲜,维持适宜的温、湿度,有风浪时吃一些清淡易消化的食物,不要过饱或过饥,防止过分疲劳。

　　应用药物方面:可口服防晕船药(茶苯海明片)等,每次 1 片,隔 6~8 h 可再服一次。用膏药贴肚脐有一定抗晕船作用。如果呕吐频繁,出现脱水现象,可适当地静脉补液。

课后思考

　　1.人工呼吸有哪几种方法?

　　2.在实施胸外心脏按压时应注意哪些事项?

　　3.出血的种类有哪些?

　　4.止血的方法有几种?各自的作用是什么?

　　5.使用止血带时应注意哪些事项?

　　6.溺水、冻伤、中暑、晕船都有哪些症状?分别如何治疗?

　　7.艇筏中急救药箱内的常备药品的种类和作用是什么?

项目资源

资源类别	资源编号/名称	资源描述	二维码
视频资源	VD4-1 人工心肺复苏	6 分 04 秒	
	VD4-2 外伤止血	08 分 15 秒	
	VD4-3 艇筏应急救护	07 分 10 秒	
	VD4-4 艇筏急救药包的介绍	05 分 05 秒	

续表

资源类别	资源编号/名称	资源描述	二维码
章节练习	艇筏急救章节测试	每题 2 分,共 28 题,34 分合格,8 min 内完成	
期末测试	救生艇筏和救助艇的基本知识、艇筏的降放与回收、艇筏的基本操作与管理、艇筏急救	每题 2 分,共 50 题,60 分合格,30 min 内完成	

附录　海船船员培训大纲（2021版）

海船船员精通救生艇筏和救助艇培训

适任要求	培训要求		评价标准	学时	
	理论知识	实践技能		理论	实践
在释放期间和随后对救生艇筏或救助艇负责 .1 救生艇筏和救助艇的结构和属具及其各项设备 .2 救生艇筏和救助艇的特性和设施 .3 救生艇筏和救助艇的各种释放装置 .4 在恶劣海况下释放救生艇筏的方法 .5 回收救生艇筏的方法 .6 离船的行动 .7 在恶劣海况下采取的行动 .8 与使用承载释放装置有关的危险 .9 维护保养程序有关的知识。	1. 了解救生艇筏和救助艇的结构和属具及其各项设备； 2. 熟悉救生艇筏和救助艇的特性和设施； 3. 救生艇筏和救助艇的各种释放装置； 4. 在恶劣海况下释放救生艇筏的方法； 5. 回收救生艇筏的方法； 6. 掌握离船的行动； 7. 掌握与使用承载释放装置有关的危险； 8. 了解维护保养程序有关的知识。	1. 能对救生艇筏进行正确管理与检查：解释各种救生艇筏用于表明乘载人员数目的标志； 2. 能正确指挥驾驶离船船舶，操纵及人员下艇（筏）； 3. 做好救生艇筏释放准备，安全操作空载和承载释放装置，下水并对空载救生衣扶正倾覆的救生筏，能安全登乘离船的救生筏；若救生衣承载着救生衣助艇，包括对空载救生艇和承载释放； 4. 能安全回收救生艇筏，包括救助艇筏的正确复位； 5. 能正确使用气胀式救生筏和带内装机器的开敞式或封闭式救生艇。	在设备限定的条件下完成释放救生艇筏，人员上艇和释放艇筏的准备，并能使艇筏安全离船； 离船时所采取的最初行动最大限度地减少对求生全离船的威胁； 在救生艇筏限定的条件下完成救助艇筏和救生筏的回收； 按照制造商关于释放和复位的使用说明操作设备。	4	8
操作救生艇所用的机器 .1 启动、操作救生艇及其附属机器和使用所备灭火器的方法。	1. 了解救生艇机器及其相关知识； 2. 掌握使用所备灭火器的方法。	能启动和操作救生艇的机器。	按操纵要求提供并保持推进动力。	1	4
弃船后对求生救生艇筏的管理 .1 在恶劣天气下操纵救生艇筏； .2 使用艇首缆、海锚及所有其他设备； .3 救生艇筏上食物和淡水的分配； .4 为最大可能地使救生艇筏被发现和定位采取的行动，包括救生艇直升机救助预防及其在营救中的使用； .5 掌握低温效应及其预防，包括救生服和保温服装的使用； .6 直升机救助的方法； .7 使用救生艇筏和救生艇机动救生者和营救求生者； .8 救生艇筏抢滩。	1. 掌握在恶劣天气下操纵救生艇筏方法； 2. 熟悉使用艇首缆、海锚及所有其他设备的方法； 3. 掌握救生艇筏上食物和淡水的分配方法； 4. 掌握为最大可能地使救生艇筏被发现和定位采取的行动，包括救生艇直升机救助预防及其在营救中的使用； 5. 掌握低温效应及其预防，包括救生服和保温服装的使用； 6. 熟悉使用救生艇筏和救生艇机动救生者，并营救求生者的方法； 7. 熟悉救生艇筏抢滩的方法。	1. 能划桨和驾艇以及运用罗经驾艇； 2. 能使用救生艇的各项设备； 3. 能安装装置以助定位； 4. 能使用救助艇筏和机动救生艇筏集结救生者，并营救求生者和落水者。	求生管理适于当时的环境和条件。	2.5	4

续表

适任要求	培训要求		评价标准	学时	
	理论知识	实践技能		理论	实践
使用定位设备、通信设备和信号设备及烟火信号，包括救生艇筏上的无线电救生设备，应急无线电示位标（EPIRBs），搜救雷达应答器（SARTs），烟火遇险信号。	1. 了解救生艇筏上的无线电救生设备的相关知；2. 熟悉卫星应急无线电示位标（EPIRBs）的相关知识；3. 熟悉搜救雷达应答器（SARTs）的相关知识；4. 熟悉烟火遇险信号的相关知识。	1. 能使用救生艇筏的便携式无线电设备；2. 能使用包括烟火信号在内的信号设备。	对通信和信号设备的使用和选择适于当时环境和条件。	2	2
对求生者进行急救	1. 熟悉使用急救箱和复苏技能的相关知识；2. 熟悉伤员处置，包括止血和控制休克的相关知识。		对伤势的可能原因、性质和受伤程度能迅速和准确的认定；治疗的先后次序能最大限度地减少对人命的威胁。	0.5	
合计				10	18

参考文献

［1］中华人民共和国海事局.国际海事组织海员行为示范(MODEL COURSE 1.23).大连:大连海事大学出版社,2015.

［2］中华人民共和国港务监督局.救生艇筏和救助艇操作与管理.北京:人民交通出版社,1998.

［3］IMO.LSA 规则.北京:人民交通出版社,2005.

［4］交通运输部.STCW 公约马尼拉修正案.中华人民共和国海事局网站,2011.

［5］中国海事服务中心.救生艇筏和救助艇操作与管理.大连:大连海事大学出版社,2012.

［6］智慧职教网.交通运输类.航海技术.航海技术专业教学资源库.素材中心.

［7］IMO.国际海上人命安全公约(2004 综合文本).北京:人民交通出版社,2005.

［8］江苏省江阴市北海救生设备有限公司.5.7 米全封闭救生艇完工图,2019.